中央高校基本科研业务费专项资金项目（63192202）

南开大学文科发展基金青年项目（ZB21BZ0337）

"中国治理观察"丛书

试点

SHI DIAN

周 望/著

天津出版传媒集团

天津人民出版社

图书在版编目（CIP）数据

试点 / 周望著. -- 天津：天津人民出版社，
2021.11
（中国治理观察丛书）
ISBN 978-7-201-17806-6

Ⅰ．①试… Ⅱ．①周… Ⅲ．①国家－行政管理－研究
－中国 Ⅳ．①D630.1

中国版本图书馆 CIP 数据核字(2021)第 231377 号

试点
SHIDIAN

出　　版	天津人民出版社	
出 版 人	刘　庆	
地　　址	天津市和平区西康路 35 号康岳大厦	
邮政编码	300051	
邮购电话	(022)23332469	
电子信箱	reader@tjrmcbs.com	
策划编辑	王　康	
责任编辑	林　雨	
装帧设计	明轩文化·李晶晶	
印　　刷	天津新华印务有限公司	
经　　销	新华书店	
开　　本	710 毫米×1000 毫米　1/16	
印　　张	16.75	
插　　页	2	
字　　数	230 千字	
版次印次	2021 年 11 月第 1 版　2021 年 11 月第 1 次印刷	
定　　价	78.00 元	

谨将此书

献给

中国共产党成立 100 周年

目　录

引论　理解中国试点

　　试点,是中国治理实践中所特有的一种政策测试与创新机制,具体类型包括各种形式的试点项目、试验区等。作为在中国"土生土长"起来的一项治理策略和方法论工具,作为标识中国政策过程尤其是改革开放进程的重要关键词,试点是被运用得最为频繁的改革工具之一。在中国各个层级、各个地区里分布着大量各式各样的政策试点实践。中国政策现实中广泛存在的"先行先试、典型示范、以点促面、点面结合、逐步推广"等特有词汇和术语亦是根源于此。试点以其特定的功能和鲜明的特质,给本土政策过程带上了中国风格的深刻印记,是中国改革事业的整个策略体系中不可或缺的组成部分。

　　本书立足于发现并理解中国政策过程的与众不同之处,择取中国治理与政策过程中一个重要且特殊的现象——试点,来作为研究主题,力图通过分析和总结这一中国治理活动中的特色实践和经验,进一步展现中国政策过程的完整图谱。同时,在此基础上探讨其中的一般规律性,连接经验与理论,从中提炼出一般性的理论阐释和观点,以扩展中国政府与政治、中国政策科学的理论版图,与域外政策科学理论体系形成实质性的对话,并进一步丰富公共政策学科的研究谱系。

一、研究缘由

(一)缘于探究"中国的政策过程如何与众不同"这一现实使命

受本国的历史、文化、国情、社情、民情和政情等诸多因素影响,中国的政策过程在过去、现在、将来都会与其他国家有所不同。当前中国政策过程所呈现出来的一系列特点,主要是在这样三大因素的基础上形成的:由中国共产党领导的长期的以武装斗争夺取政权为主要内容的革命斗争,中国传统政治结构、政治文化和中国特定的自然与人文条件,中国共产党十一届三中全会以来的经济、政治体制改革和对外开放。① 这三大因素集中代表了不同时期中国政治生活的许多重要特征,并且还在不断变化着,动态地影响着中国政策的过程。

试点,则是这三个因素影响中国政策过程的一个重要"交汇点"。试点发轫于中国共产党在革命战争时期的工作实践和方法。"突破一点,取得经验,然后利用这种经验去指导其他单位"②。"我们应当坚决采用逐步推广的方法,不用普遍动手的方法。逐步推广的运动,看来很慢,其实是快;普遍动手

---

① 参见朱光磊:《当代中国政府过程》(第三版),天津人民出版社,2008 年,第 333 页。
② 《毛泽东选集》(第三卷),人民出版社,1991 年,第 897 页。

的方法,看来是快,其实是慢"①。改革开放之后,试点作为对"实事求是"的操作化工具,开始被大规模地用于改革实践中。"在全国的统一方案拿出来以前,可以先从局部做起,从一个地区、一个行业做起,逐步推开。中央各部门要允许和鼓励它们进行这种试验。试验中间会出现各种矛盾,我们要及时发现和克服这些矛盾。这样我们才能进步得比较快"②。"改革固然要靠一定的理论研究、经济统计和经济预测,更重要的还是要从试点着手,随时总结经验,也就是要'摸着石头过河'"③。

尽管这一方法论诞生于特殊的革命年代,但经过长期实践的磨炼和证明,它已得到广泛认可,得以作为一项优良的传统和成功的经验而被运用到国家的现代化进程中。"我们党长期倡导的'从群众中来,到群众中去'的群众路线的方法,'集中起来,坚持下去'的领导方法,抓典型、搞试验、调查研究、解剖麻雀的工作方法等等,都是行之有效的决策方法,至今仍然是我们应该继承的宝贵财富"④。1992年10月,党的十四大更是将对政策过程中试验精神的强调写入了《中国共产党章程》:"党的思想路线是一切从实际出发,理论联系实际,实事求是,在实践中检验真理和发展真理。全党必须依据这条思想路线,积极探索,大胆试验,创造性地开展工作,不断研究新情况,总结新经验,解决新问题,在实践中丰富和发展马克思主义。"由此,产生于试点实践

① 《毛泽东文集》(第五卷),人民出版社,1996年,第38页。
② 《邓小平文选》(第二卷),人民出版社,1994年,第150页。
③ 《陈云文选》(第三卷),人民出版社,1995年,第279页。
④ 万里:"决策民主化和科学化是政治体制改革的一个重要课题",《人民日报》,1986年7月31日。

试　点

中的"典型试验""由点到面""逐步推广""点面结合"等成为理解中国政策过程特殊性和中国共产党治国理政思路的关键术语。

只有具有民族性的东西,才能具有国际性。作为在中国"土生土长"起来的一种特殊工作方法,试点的存在使得中国政策过程的经验事实既不同于域外国家和地区的对应实践,亦不同于政策过程研究中的一般理论性规定,再加上它存在的长期性和重要性,因此需要且有必要对其加以系统分析和研究。

目前,有关试点的研究积累不可谓不丰富,为研究工作的进一步展开和提升奠定了一个很好的基础。但这些成果主要还是集中于从经验总结和心得体会的角度来看待试点,就事论事的情况比较常见,社会科学研究本身所要求的规范性、严谨性、逻辑性不够突出。这一影响表现在研究的广度和深度上就是:一是多数研究的时间节点都放在了改革开放以后,对试点的来龙去脉缺乏分析和解释;二是目前的研究多是散见于各种其他研究主题的文献中,有关试点的问题只被作为相关研究的一部分,鲜见学术界对这一主题作全景式分析,迄今为止也很少见到明确地以试点、试验区为研究主题而出版的专门性和系统性学术著作。

正是基于如上认识,本书着眼于运用现代社会科学的理论及方法对试点进行规范性分析。在现代政治学、行政学尤其是公共政策学理论的指导下,本书通过运用一系列现代社会科学研究工具来对试点作一个较为全面和系统的梳理,为这一研究主题的学术积累做出力所能及的贡献,并期望吸引到更多的研究者来关注试点的相关问题,以共同推动这方面的研究进一步向着系统性、深层次和高水平发展。

（二）缘于创设"政策过程的中国理论"这一学术使命

以试点这一中国政策过程的特殊现实为基础,致力于探索政策过程的中国理论,是本书选题的第二个起源和努力方向。

学界目前有关试点的研究还处在早期阶段,尤其是对它进行系统性、跟踪性研究的成果还比较少。在有关中国的试点实践"是什么"和"为什么"这些基本问题方面,仍未得出受到广泛认同的答案。虽然近年来部分研究者已经注意并尝试从理论探索和拓展方面来对试点进行分析,但总的来说,这些研究成果还是更偏重于"程序"（procedure）研究,而非严格意义上讨论因果逻辑的"过程"（process）研究。研究者们纷纷对试点予以高度肯定,然而多数研究只能够进展到一般性的总结和归纳,较少探讨其中的规律性、因果机制等,缺乏足够的理论纵深。特别是能够从众多的改革试点实践中抽象出试点一般规律的研究还较为少见。诚然,对于试点在中国政策过程特别是改革过程中的积极效应,再怎么论述都不为过,但关键的问题并不在于一味强调试点的重要性,而是厘清以试点为基础的制度变迁与改革实践的内在机制究竟是怎样的。否则,研究就会一直徘徊在就事论事的层次,而难以从对现实过程的事实描述上升到一般性理论的程度。

基于上述认识,本书将理论探索作为选题的根本立意,在研究过程中有意识地进行理论提炼,着眼于在由试点所形成的政策实践和经验事实的基础上,尝试构建一个分析中国政策过程中局部功能和活动的新的理论框架,并不断地将其完善和发展下去。

试　点

（三）缘于深入关切改革进程这一现实使命

通过对试点在现实改革中所面临的问题进行思考和解答，以指导试点在未来的改革时期中更好地发挥自身作用，是本书选题的第三个缘由所在。

中国的改革开放进程一直伴随着改革战略和策略、具体方式和手段的调整及讨论。关于中国改革的方略方法目前所取得的成效及经验是什么、未来应该朝着什么方向发展以及怎样发展，是影响改革成效，甚至事关改革成败的关键性问题。试点作为改革开放进程中被运用得最为广泛和普遍的改革方法，一直在动态地调整、变化着，改革开放以来新的试点内容及其相应的试点类型不断涌现。为什么要进行这些调整？变化产生背后的原因和规律是什么？试点对于改革的正面效应已得到普遍认同，那么它会不会带来相应的副作用？如何规避并克服它们？对这些问题展开深入分析，有利于试点能够更好地服务于未来的改革实践。

面对推进改革开放和社会主义现代化建设中所肩负任务的艰巨性和繁重性，面对在改革发展稳定中所面临矛盾和问题的规模和复杂性，面对在前进中所面对的困难和风险的不确定性，改革方式本身也需要不断进行改革。《国民经济和社会发展第十二个五年规划纲要》明确提出要"更加重视改革顶层设计和总体规划，明确改革优先顺序和重点任务"，这为试点的未来发展路径指出了一个重要方向。

中国的发展正处于"重要战略机遇期"。在未来的改革和发展中，肯定会面临一系列新的重大变化、矛盾、问题、任务、情况和课题。作为一门应用性很强的学科，致力于服务现实的政策过程是政策科学研究的题中之义。有为才能有位,有了位才能更有为。中国政策科学要想取得大的发展,就要能对中国经济社会发展中的重大现实问题做出解释和指导,为进一步的改革提供智力支持。这对于研究与现实改革问题紧密相连的试点而言,就更应该是如此。

(四)缘于建立健全中国政策科学的学科体系这一学科使命

欧美政策科学在其形成与发展的半个多世纪的历程中,已经形成了极为丰富和细致的研究领域或分支。大体而言,欧美政策科学的研究领域可以划分为两个层次:第一层次是在以"政策科学"作为学科领域这一总名称之下的各项研究,主要包含有政策科学总论、政策分析方法、本国公共政策、比较公共政策、政策伦理学(政策价值观或公共政策与伦理关系研究)、战略研究、未来研究以及公共选择、经济政策学、社会政策学等分支;第二层次是对政策过程的各个基本环节或功能活动方面形成的专门研究分支,如政策战略(元政策)、议程设置、政策制定(政策规划或政策形成)、政策执行、政策评估、政策终结等,另外致力于突破政策过程阶段论的研究者们亦发展出政策变迁、政策周期、政策网络、政策范式、政策学习、政策传播与扩散等新领域。同时,近年来欧美公共政策研究领域还不断推陈出新,出现了一批更新更细的研究分支。①

中国政策科学的发展经历了一个从无到有的快速发展历程,其基本架构

① 这些研究分支包括政策话语理论(discourse theory)、协商式决策(deliberative policymaking)、推论式政策分析(discursive policy inquiry)、参与式政策分析(participatory policy analysis)、全球公共政策网络(global public policy network),等等。

已经建立起来。但无论是对照欧美政策科学的完善体系还是本国政策实践的现实需求,中国政策科学的学科体系和研究分支仍然都还比较"粗略",虽然在个别领域有所探索和进展,但总体而言还是停留在政策科学的一般理论和方法的研究上,大部分分支学科并未分化、成型。大部分高等院校、社科院、党校和行政学院等设置的政策科学课程一般也只有"政策科学原理或导论"和"政策分析"这两门。中国政策科学当前面临的一个主要任务就是要推动学科体系向着由少到多的目标发展,全面展开对政策科学各分支领域的开拓和创新。

时代的发展和学科建设进程的普遍规律性,都要求学界同仁不断丰富研究谱系。正是基于这一对中国政策科学发展的阶段性特征及其主要任务的判断,进一步坚定了本书选题的方向和信心,而且充实了本研究的主体内容。从这一实践命题着手,本书期望在界定和使用试点、试验区等中国特有的词汇和概念及相应的基本范畴、理论框架的基础上,能够发展出一个诸如"政策测试"的中国自己的政策科学研究分支,为建立健全中国政策科学的学科体系做出力所能及的贡献。

二、研究价值

(一)有助于充实中国政策科学的知识积淀

中国公共政策的研究必须要能够回应"中国问题"。立足于探求中国公共政策过程的"真实世界",加强对本土政策实践问题的学术关怀,是中国政策科学研究的使命和生命力所在。任何一门学科的建立和发展首先需要的就是不断进行知识积累。欧美政策科学的迅速发展,就是得益于本国研究者们对自身政策现象和政策过程进行的大规模实证研究。正是通过大量经验性研究资料的积累,较为清晰和系统地揭示出公共政策的现实全貌和过程,才能够为进一步的理论研究和论证打下坚实的基础。欧美政策科学的许多理论体系和分析框架大多是依托着这些经验性研究和实证调查材料发展起来的。① 对于致力于提升中国政策科学的理论建树和研究质量的研究者们而言,也需要沿着这一学术轨迹做出相应的努力。

要建立和发展中国自己的政策科学,一项关键的基础性工作就是进行扎根于本土的经验性研究和实证调查,积累根植于本土政策实践的经验性知识,努力去发现中国政策过程的特点和规律,建立起反映中国政策现象和过程全貌的知识体系。为此,政策科学的研究者们应该从本土政策实践的实际需求出发,广泛开展涉及各方面公共政策的实证调查,扎扎实实地进行经验性研究,从原始资料收集开始,来了解中国政策过程的事实。只有在拥有了足够丰富的本土研究和源于本国政策经验的持续知识积累,才有可能针对这些本土知识进行理论上的创造活动,从这些经验事实中形成具有理论意义的概念与分析框架,并最终形成具有中国特色的新的政策科学理论学说和学科体系。

中国渐进地推进改革,在公共政策的制定和执行等方面,确有自己一套独创性的东西,有自己的发展逻辑,需要系统地加以挖掘。中国共产党与中

---

① 参见徐湘林:"中国政策科学的理论困境及其本土化出路",《公共管理学报》,2004 年第 1 期。

试　点

国政府在长期的政策实践,特别是改革实践中,在公共政策过程中的各个方面积累了丰富的实践经验,为中国公共政策的理论研究,乃至学科发展提供了丰富的素材。尤其是就处于转型期的中国公共政策过程而言,无论是问题认定、议程设置,还是政策制定和执行都有其独特性。现实中所存在的大量独具特色的政策实践,如"典型试验、逐步推开"的政策过程,"从群众中来到群众中去"的政策经验,各种"领导小组"等政策协调机构①在政策过程中的定位和作用等,都有进行全面总结和细致阐释的必要。本书则是选择试点作为分析对象,通过运用现代社会科学研究方法来收集各种与之相关的数据与资料并进行梳理、提炼,以此来完善中国政策科学的知识体系。

(二)有助于建构本土化的政策科学理论

中国政策科学要走出自己的学术发展道路,需要尽快迈过依赖欧美理论体系的阶段,有意识地致力于建构本土化的规范理论。改革开放以来,中国政策科学的发展基本上是将"补课"作为学科建设的根本立意,把主要工作集中于对欧美公共政策理论的"输入",致力于实现学科体系建设的科学化和现代化转向。虽然很多研究者在关注欧美公共政策学理论发展进程的同时,积极进行欧美公共政策相关理论在中国的适用性研究,并根据中国的国情对相关理论进行修正、延伸和创新。但是从整体上看,中国公共政策理论研究的本土化进程和质量都还有待加快和提高,至今还没有一本整体论述中国公共政策过程及其规律的专著,也没有几个得到普遍认同的关于中国公共政策过

---

①　关于各种"领导小组"等政策协调机构在政策过程中的定位和作用,可参见拙作《中国"小组机制"研究》(天津人民出版社,2010年)。

程的概念。① "理论的贫困"使得中国政策科学研究难以与国际学术界形成有效对话,进而无法在国际政策科学讲坛上真正地占有一席之地。

要全方位地提升中国政策科学的学科品位,需要努力地以本土性理论的建构和"输出"为总体抓手,只有在本土经验上树立起来的理论,才能在国际学术界的理论版图和话语体系中占有一席之地。尤其是就社会科学学科建设的内在规律特别是现实应用而言,可以说如果没有相当程度的理论准备,则对于相应的实践问题也就没有发言权。无论是适应时代变迁的现实需要,还是学科进化的研究态势,都要求中国政策科学必须进入实现历史性跨越的新阶段。中国应该有基于自身实际而成长起来的具有中国风格、中国气派的公共政策学理论,需要创造和使用自己的核心概念、基本范式、理论体系和分析框架。本书从观照试点这一中国政策过程中的特色实践入手,力图通过对这一问题的经验研究和提炼,来构建一个反映中国这方面政策现实的理论框架,从而为中国政策科学理论体系的整体生成做出局部性努力。这既是出于牢牢抓住中国公共政策学研究领域中特殊命题和阵地的需要,亦是提升对中国政策科学理论建构的学术贡献力的能动性作为。

(三)有助于更深入地理解中国的转型历程

有关转型国家的探讨正在日益成为国际社会科学界重点关注的一个研究领域,而中国的转型问题则是其中一个热点。中国经历了一个包括经济、政治和文化等方面在内的渐进式改革过程,在强调稳定与发展紧密结合的目

---

① 参见郭巍青、岳经纶、涂峰:"2000—2010 年中国公共政策研究综述",载《中国公共政策分析2010 年卷》(白钢、史卫民主编,中国社会科学出版社,2010 年)。

试 点

标导向下实现制度的平稳变迁和转型,这是中国改革的根本特征和基本经验。[①] 基于中国改革所呈现出来的渐进性这一基本事实,需要从理论上进行探究的一些重要问题包括:渐进式的改革模式具体是通过哪些中微观层次的方式方法实现的? 这些方式方法具体又是怎样操作的? 它们能够在多大的程度上实现政策和制度的渐进式变迁? 针对这些问题,本书认为试点是能够更为深入剖析渐进式改革进程的一个有效切入视角:在渐进性的转型路径和策略下,众多的改革事项都是通过不断进行各种类型的试点来实现的,这些试点是渐进式改革得以可能和长期持续的关键机制。

中国的制度转型是渐进性和累积性的,它在很大程度上是通过一系列试点及产生于其中的政策选项来实现的。通过这些试点所产生的累积和扩散效应,改革可以在一个对各种经过实践检验后的方案进行权衡和选择的过程中循序渐进地向前推进。根据不同改革领域对政策工具的具体需要和要求不同,以及随着时间推移渐进性改革自身的演变,试点的具体类型、实施方法亦经历了不断调整。通过研究试点,不但可以从一个新的视角对中国的制度转型历程进行经验性描述和理论概括,同时在这些工作的基础上还可能得出关于中国改革的有意义的新理论,从而能够对今后改革中的具体问题有较为切实的理论指导。

(四)有助于试点在未来更好地发挥作用

社会科学研究中任何一项优秀的成果都应该是以关注和解决现实问题

---

① 参见张宇:"中国渐进式改革的特征与经验",《教学与研究》,1998 年第 7 期。

来作为研究的出发点和归宿的。"研究与现实有密切关联,既能带来更多乐趣,对世界更有益,也能成为事业的良好动力。"①社会科学研究是否有价值,在学术殿堂中是否有地位,关键就是取决于其能否解决现实问题。本书希冀通过总结和分析试点在中国政策过程特别是改革实践中的经验得失,从而有助于这一策略和方法在未来继续和更为有效地发挥其作用。

作为一种极具实用性的认识论和方法论工具,试点被广泛用于中国多个方面的改革实践中。试点确实在某些方面发挥着显而易见的积极效应,并在长期实践摸索中积累了一系列有效而稳定的方式方法,使得政策和制度变迁的创新性和稳定性得以极佳地结合。同时,对试点所造成的一系列衍生性影响也需要加以注意,这些影响可能会造成试点失灵、失真,或者引发其他新的问题,为改革带来新的障碍。特别是面对愈加复杂和困难的改革挑战,试点亦会面临越来越多的挑战,需要做出与之相对应的调整。这就要求我们应对试点的正反两方面的作用做出全面总结和细致分析,以使其最大程度地发挥积极性应、最大可能地化解自身的局限。本书立足于政府过程的分析视角,辩证地看待试点在中国改革实践中的效应,对广泛存在于中国改革实践中各种类型的政策试点实践的正反两方面作用进行全面细致的分析,同时针对其存在的局限及可能面临的障碍提出具有一定操作性的对策建议。

---

① Stephen Van Evera. *Guide to Methods for Students of Political Science*. Ithaca, N. Y. : Cornell University Press, 1997, p.97.

三、研究框架

（一）基本概念

概念是研究工作的基础性工具，对概念的界定及使用在一定程度上决定了研究的范围和所运用的研究方法。在本项研究工作的进行过程中，需要加以界定、说明并经常使用的概念主要有以下2个：

1. 试点

（1）试点的内涵和外延

试点，是本书研究的核心概念，围绕其产生的一系列现象自然也就构成了研究工作的主题。为了更为全面和清晰地认识这一独特政策现实，这里从内涵和外延两个层次来对试点这一概念进行梳理。

就其内涵而言，试点包括狭义和广义两个方面。狭义的试点是指"政策测试"，它是指党政机关为了验证政策方案的正确性、可行性，并取得实施这些方案的具体化细则，而在一定范围内进行的一种局部性的决策施行活动。广义的试点则包括"政策生成"和"政策测试"两个方面。与在局部范围内对已经成型的政策文本进行验证的"政策测试"不同的是，"政策生成"的主要目的在于寻求全新的政策方案，进行制度创新。它一般是指中央政府为寻求新的制度或政策工具而进行的分权式试验，以及地方自行发起的政策试点活动及相应实践等。当然这两者之间有着相互交叉的部分，在有的试点类型中，它们常常是同步或交叉进行的。

就其外延而言，试点的具体类型包括各种形式的试点项目、试验区等。

试点项目侧重于时间维度,也是中国政策过程中最为典型和普遍的一种政策试点类型,它是指在一定时间段和一定范围(特定的地域、政府部门或企事业单位)内所进行的一种局部性政策探索及实施活动。试验区侧重于空间维度,它是指为探索或实施某一项或某一领域的新政策、新制度而选定的一个地域性区划单位,具体表现为各种样式的综合性试验区、专门性试验区,以及特区、新区、开发开放区、示范区、合作区等。

需要说明的是,本书所指的试点是指各试验点地区和单位通过进行不同尝试,找出完成任务的办法或克服新出现的挑战,从而达到实现全局性的制度变迁或政策调整的目的。而地方所开展的各种政策工具创新或自发的政策普及行为,虽然有时也会被冠之以"试验""探索"的名称,但如果其最终结果并未实现改变或调整全盘性的政策格局,则不会被本书认为是研究对象而被纳入研究范围,它们仅仅是优化地方治理的日常政策行为。① 试点必须是一个目的明确、协调一致的行动,即使对试点的结果不甚明了,但所采取的工作程序和方法却是严谨而有序的,尤其是相关行动的最终目标都是为正式制定政策提供多项选择,然后将所得出的政策方案推行至更大的范围乃至全国,甚至写入正式法律。

(2)试点与"政策试验"

与试点紧密相关的另一个概念是"政策试验",两者在内涵及外延上是一种近乎等值的关系。出于明晰辨识度、易于理解、论述方便等方面的考虑,本

————————

① 当然,现实中经常也会出现这样一种情况,即某个地方或部门的创新成果被相关上级认为具有启发意义,由此将其"追认为"试点项目,并进行推广。

试　点

书选择以试点作为写作过程中的第一概念选择。同时,在需要的时候会交替性地使用这两个概念,而不再作进一步的说明和区分。

作为在中国政策过程特别是中国改革开放进程中出现频率最高的词汇之一,在某种程度上可以说试点是被运用得最为普遍和频繁的一种改革方法。在中国各个层级、各个地区的政府部门与企事业单位中分布着大量各式各样的试点项目。中国政策实践中广为流传的"先行先试、典型示范、以点促面、点面结合、逐步推广"等术语和词汇基本上都是从试点发展而来的。正是基于试点一词本身的典型性、普遍性特别是高辨识度,本书倾向于将其作为论述工作中的首要概念。

同时,在研究工作尤其是实际操作工作中,绝大多数参与者都已经习惯于将各种类型的政策试点活动看作试点,在表达中也基本都是用试点来指代几乎所有的政策试点与试验行为,将试点、政策试验视为同义词。学界和实务界或是在同一含义上交替使用试点、政策试验、试验区等概念,或是将它们一并简称为试点或试验,而不对其进行更为细致的区别性分析。因此,出于使研究工作更为学理化和规范化的需要,本书选择了其中之一,即试点,来作为论述对象。

2. 试验区

试验区是试点两大类型中的一种,是一系列政策试点项目在一定区域内的集合和组合。具体而言,试验区是指为承担某一系列或某一领域内的多个试点任务而选定的一个地域性区划单位,其外在形式体现为各种主题的综合性试验区、专门性试验区以及部分特区、新区、开发开放区、示范区、合作区等。在功能侧重上,除了担负着对某一项或某一领域的政策方案进行测试之外,试验区更为主要的目标是在本区域内广泛地进行政策和制度创新,以新政策和新制度的"内生成"为首要目标。正如劳福顿(Barry Naughton)所指出的:"中国的各种试验区担任着在现有体制之外,或在现有体制之间,建立新制度和对新事物进行尝试的任务。"①地域性和创制性是试验区的两大显著特征,通过充分运用其所被赋予的可以在特定区域内进行先行先试的政策试点权限,试验区能够源源不断地进行着政策探索和创新。

试验区是中国政府用于开展较大规模的政策试点活动的空间承载区域,改革开放以来几乎每一轮较为重大的制度调整都是以建立一批包含新类型、新主题、新内容的试验区为标志。由于天然的地域性特征,在试验区内进行的试点活动具有显著的综合性、复杂性特点,一般而言试点的规模较大、周期较长,通常会同时承担着创新、测试、示范等多重任务。这主要表现在:试验区除了需要按预定目标完成体制机制方面的创新任务外,还被经常性地选为新增试点项目的投放单位,也即经常性地承担一些"额外"的相关试点工作。这使得试验区内的试点工作更为丰富和复杂。

同时,还需要说明的是,目前在中国所存在着的大量名称相近的开发区、开发区、新区、特区等,并不完全都属于试验区。与前述试点定义过程中的相关说明相类似,部分特殊区域在成立或建设时,虽然常常也会冠之以"试验""探索"的名义,但如果其出发点并非为改变或调整全盘性的政策格局而仅是

---

① Barry Naughton. *The Chinese Economy: Transitions and Growth*. Cambridge, Mass.: MIT Press, 2007, pp. 406 – 408.

试 点

服务于特殊目标的日常政策行为,抑或仅仅是为了便于注入某些特殊政策,则不会被本研究认为是研究对象而纳入研究范围。[①] 试验区的建设也必须是一个目的明确、协调一致的行动,所采取的工作程序和方法都是严谨而有序的,尤其是相关行动的最终目标都是为了优化政策提供尝试和检验的机会,然后将所得出的政策方案普及到更大范围内乃至全国,甚至写入正式法律。

(二)阐释思路

本书的基本思路是以历史归结和现实归纳为基础,进而尝试着对试点进行学理性阐释这一线路,力求对中国的试点现象展开较为全面的解读和分析。在研究内容的具体安排方面:首先是历史分析,即对试点出现于中国治理实践活动中以来的发展脉络进行梳理,并就其整个演化历程的规律性做出归纳;接着是现实分析,即对当前试点的基本类型进行整理和划分,特别是对试点的实际运行过程进行重点扫描和解析;其次,以历史和现实为依托,从"内容"与"形式"两个方面归结出试点的实然效应;最后,以这些经验事实及分析为基础,从中进行理论提炼,抽象出试点在中国治理结构中的基本定位,以及探讨伴随其而来的种种衍生性影响,同时根据这一基本目标定位,对试点的未来发展导向做出判断和思考,并就一些操作层面上的优化手段提出了具备一定可行性的建议(具体研究思路参见下图)。

[①] 当然,与"试点项目"相类似,"试验区"在现实中也会出现这样一种情况,即虽然原本是属于其他类型的特殊区域,如被相关上级认为具有启发意义,由此将其"追认为"试验区,并对其进行宣传和推广。

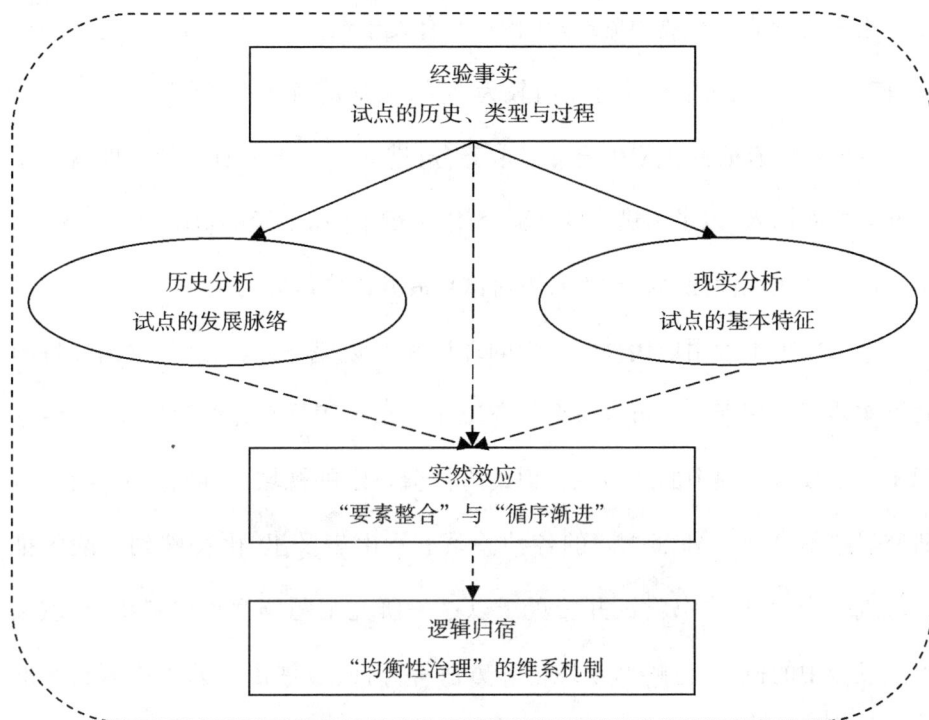

图 0.1　分析框架

（三）研究企图

在已有的相关文献中,研究者们从不同视角对试点的功能发挥、运作流程展开了各自的讨论,肯定了它在治理实践中的积极作用,同时也指出其中存在的各种问题。至于如何对其进行调整及优化,研究者们各抒己见,提出了很多有见地的主张。但从总体上看,已有相关研究在规范程度、研究视野、方法论和问题意识等若干层面,仍存在一些较为明显的不足之处。比如,在试点的发展过程和现有内容构成方面还不曾有较为全面的整体性分析,对试点长期活跃于中国治理实践活动中的原因还缺乏有说服力的解释,对影响试

试 点

点的相关变量缺乏有效的梳理和归纳,在有关于试点对制度调整及变迁的作用机理、表现形式等问题上还未有较为细致,尤其是精到的解析。

本书从已有研究积累中充分汲取养分,进一步尝试在研究的广度、精度、深度等方面切入,以求为试点这一研究主题做出力所能及的贡献。

1.尝试在现代社会科学视野下对试点展开深度研究

本书立足于运用现代社会科学的理论和方法,来对试点这一中国独特的政策实践展开学理性分析。整个研究工作注重运用规范化的研究工具,将来源于本土政策过程中的经验性知识纳入社会科学的视域,不断挖掘、深化,对研究对象本身及内外部之间的各种关系进行由表及里、由特殊到一般的推导。进一步而言,本书尝试并希冀于以这一研究主题作为重要铺垫,在政策科学领域中的概念、范畴乃至理论和方法等方面,发展出一系列中国自己的词汇、话语和论题,摆脱对欧美政策科学研究及其知识体系的长期结构性依赖。这是本书为了突破当前中国政策科学研究中普遍存在的"西方理论 + 中国案例"的常规套路,致力于构建中国自身的政策科学知识体系而做出的拓展性、局部性努力。

同时,作为中国治理实践发展史、中国共产党理政史中的一个重要组成部分与侧面反映,围绕试点这一研究主题的各种研究工作,是在基于现代政治学与行政学的理论和方法上进行学术开拓的有益尝试。本书期待通过一系列"推陈出新"的研究工作,在新的研究思路、观察视角下扩展中国政治学与行政学的研究领域与学科视野,发现和培育新的学术生长点和增长点,为适时塑造中国政府与政治、中国公共政策研究的新格局做出力所能及的贡献。

2. 尝试在试点研究的知识积累方面能够更加精到

本书首先着眼于从勾勒试点的整个产生、演进过程入手,全面打通试点的发展脉络。改革开放至今试点的发展变化自然是本项研究工作的重点,也是迄今为止相关研究通常的起始点。而本书在着重考察这一时间段的同时,还进一步将围绕于试点的相关实践放置于中国整个治国理政发展史的背景下,厘清试点在其间的"来龙去脉",进而尝试揭示这一演变过程的规律性、方向性,尤其是要回答试点从哪里来、何以如此等问题。

强调对纷繁复杂的试点现象进行细致的技术性分析,是本项研究工作力图拓展的又一空间。这包括对试点的内容构成进行分门别类,对试点的操作过程进行梳理提炼,对试点所发挥出来的效应展开归纳,以及在这些工作的基础上透视其内在逻辑、外在变量、作用机理等。做这些工作的目的,是在于揭示试点之于中国制度调整及变迁的诸项功能究竟是通过何种形式、何种方式施展出来的。在试点的积极效应方面,目前的各种研究对此存在着普遍共识,但在关于这些效应的传递介质、作用形式等问题上,一般只有较为笼统的说明。本书希望从过程性、技术性的视角入手,在回应这一研究论题上做出相应的贡献。

3. 尝试在试点研究的理论建树方面能够有所突破

作为本书的中心议题,整个研究工作最后要落脚于从试点的经验事实中进行理论上的提升和凝练,尤其是力求得出更具解释力、更为普遍性的结论。在努力对试点相关实践进行原创性的规范研究的基础上,尝试在制约试点发展演化的相关变量中提炼出一个独立的理论分析框架。

试 点

从学理上分析和确定试点的位置,是本书所做各项工作的归结点。试点现象长期且普遍存在于中国的各项治国理政活动中,其之于学术研究和实际应用的重要性都毋庸多言,而且可以预见的是,它还会伴随着改革事业继续行进。但究竟应该如何从学理上对试点进行界定,在中国的整个国家治理体系及运行过程中,应赋予其怎样的定位和认识,相关研究中还未有令人信服的论断。本书就是尝试通过界定试点的理论方位,对试点自身以及围绕其间的种种现象进行通则式的解释,并进一步探讨试点在未来的可能发展态势。

4. 尝试为发展一个新的研究分支——"政策测试"做好基础性工作

鉴于政策过程阶段论在政策科学研究中的基础性地位,使得其形成了议程设置、决策、政策执行、政策评估等稳定的研究领域划分。作为政策过程研究中的基础性范式,政策过程阶段论还被称为"教科书式的政策过程"(text-book policy process)或"启发性的阶段论"(stages heuristic)。相应的,基于这一理论模型而形成的各种解说对政策科学的发展和传播产生了举足轻重的影响。[1] 政策过程阶段论仍然是被运用得最为广泛的政策过程理论,即使是对这一研究途径持批判态度的学者也是在其所设定的平台之上建构出其他

---

[1]　Daniel Lerner and Harold D. Lasswell. *The Policy Science: Recent Development in Scope and Method*. Stanford, C. A. : Stanford University Press, 1951. James Anderson. Public Policy – Making. New York: Praeger, 1975. Gary D. Brewer and Peter Deleon. *The Foundations of Policy Analysis*. Monterey, C. A. : Brooks/Cole, 1983. Charles Jones. *An Introduction to the Study of Public Policy*. Belmont, C. A.: Wadsworth, 1984. Dennis Palumbo. *Public Policy in America: Government in Action*. Orlando, F. L. : Harcourt Brace College Publishers, 1994.

新的理论。①

　　然而,中国的试点实践与经典理论所设定的政策过程标准程序有着本质的区别,它为研究者们提供了一个重新认识政策过程理论的视角和途径。中国的试点实践意味着:基于试点的政策过程具有复杂的往复循环和逻辑跳跃,有的政策在出台时只是一个"测试版",必须经过局部施行的试验性操作,进而展开相应的调试,才能作为"正式版"全面推开。虽然并非所有政策都会经历测试的阶段,但其在中国政策过程中的普遍性已足以支撑其成为一个专门性的研究领域。本书寄望通过对试点进行专门研究,尝试着为这一新研究分支的发展壮大做好基础性工作。

　　①　John Kindon. *Agendas*, *Alternatives and Public Policy*. Boston: Little, Brown and Company, 1984. Paul A. Sabatier and Hanks C. Jenkins – Smith, ed. *Policy Change and Learning: An Advocacy Coalition Approach*. Boulder, C. O. : Westview Press, 1993. Michael Howlett and M. Ramesh. *Studying Public Policy: Policy Cycles and Policy Subsytems*. New York: Oxford University Press, 1995. Paul A. Sabatier, ed. *Theories of the Policy Process* (2nd edition). Boulder, C. O. : Westview Press, 2007.

第一章　试点的历史脉络

　　作为在中国"土生土长"的一项治国理政策略和政策方法论工具,试点在中国治理实践中的普遍性和重要性有目共睹,相关论者在这一点上亦有着基本共识。但对于这一与众不同的制度和政策创新机制的由来,迄今为止学界一直缺乏专门性的考察和分析。目前极少有研究文献对试点的形成和发展过程进行系统回顾,尤其是在中文文献中,对于试点历史的专门性、系统性研究更是少之又少。相比之下,一些海外中国研究者却在密切关注试点的来龙去脉并对其进行了深入研究。[①] 基于这一状况,本书以探索试点策略的发展轨迹为研究起点,力图通过较为清晰地梳理出试点形成、演变的历史脉络,并

---

　　① Sebastian Heilmann. "From Local Experiments to National Policy: The Origins of China's Distinctive Policy Process." *The China Journal*, No. 59, January 2008. Sebastian Heilmann and Elizabeth J. Perry, eds. *Mao's Invisible Hand: The Political Foundations of Adaptive Governance in China*. Cambridge, Mass.: Harvard University Press, 2011.

总结其中所蕴含的规律性,以此为进一步的研究工作确立必要的历史基础。

第一节　试点的发展历程

中国以试验为重要特征的政策制定与执行模式是中国共产党在对理政经验进行不断总结和升华的过程中逐步形成的。试点的历史根源可以追溯到中国共产党在革命战争时期特别是土地改革实践中的主动探索。在经历了各个历史阶段的不断洗礼之后,试点自改革开放以来开始被大规模地运用于国家的现代化进程,成为深深根植于中国政策过程的一个关键性机制。

一、革命时期的探索

(一)土地革命时期:初步尝试

试点发轫于中国共产党在土地改革实践中的方法探索与经验积累。"土改"工作初期,在开展土地改革运动的具体做法方面,当时的中共中央在较长时间里未能形成统一意见,更无现成经验可循,同时各个革命根据地在实施土改过程中所面临的情况差别颇大。在这一形势下,只能依靠各地党组织充分发挥自己的创造精神,领导农民群众在实践中不断摸索前进,为全局性工作的开展积累经验。

早在 1928 年,毛泽东在井冈山、邓子恢在闽西就分别尝试用不同的方法进行土地改革的初步试验,这些探索性尝试为后来党的土地政策提供了最初的实践经验。在这其中,又以邓子恢在闽西地区所开展的土地改革尝试较为

试 点

典型。从目前可以获得的史料来看,闽西"土改"运动中,产生于1928年8月的"溪南土地法"和1929年7月的《闽西土地法》的制定及实施过程较为充分地体现了试点的初始状态。

负责分田的邓子恢,在讨论分田时遇到许多困难,当时尚未看到中央有关土地革命纲领,也没有收到省委关于土改分田的任何指示,怎么办? 邓子恢决定紧紧依靠群众开展调查研究,在金沙先搞分田试点。邓子恢和张鼎丞在金沙召开了贫农、雇农、中农、农会干部和有经验的,又熟悉土地情况的老农座谈会,摸清了当地阶级状况和土地占有情况,进而请大家讨论分田的原则与分田的办法。最后,由邓子恢、张鼎丞根据大家的意见作了归纳总结,确定了分田政策,确定分田具体办法。这些方针政策在经过苏维埃政府讨论通过后,张榜公布,由各地贯彻执行。

邓子恢、张鼎丞亲自到分田试点村上金村、中金村、下金村去帮助干部掌握好分田原则和办法,指导他们成立"没收委减会"和"分配土地委员会",开展人口、土地调查,召开各种会议,确定土地分配方案,及时张榜公布,最后召开全村群众大会通过。邓子恢、张鼎丞在金沙乡取得土改分田经验后,立即抓紧时间,在溪南区其他十几个乡同时推开,在很短的时间内,用最快的速度,在13个乡2万人中完成了土地分配工作,千百年来无地的贫苦农民,第一次分得了土地,心里有说不出的喜悦。①

---

① 刘宝联:"从后田暴动到金沙分田——邓子恢早期土地革命实践",《炎黄纵横》,2007年第10期。

此后,1929年7月在由毛泽东亲自指导召开的中国共产党闽西第一次代表大会上,毛泽东对溪南土地改革经验进行了全面总结并加以肯定,指出闽西土地革命具体地表现出了群众的斗争性和创造性。经过大会讨论,并在由邓子恢起草、毛泽东亲自修改的中共闽西第一次代表大会《政治决议案》中提出溪南土地改革斗争是值得各地效法的经验。中共闽西一大在党的六大有关于土地革命方针的基本精神的指导下,同时吸收之前已制定好的"井冈山土地法"和"兴国土地法"中的合理成分,将溪南的土地改革实践进一步提炼为制度化文本,于同年7月27日制定了土地问题决议案,并在之后将其进一步推广和应用到整个闽西和赣南地区。①

应该说,来自闽西地区对土地改革方法的自发性探索尝试,为当时中国共产党整个土地革命路线的初步形成提供了极为宝贵和有效的实践操作经验,使整个土地革命方针政策的完备性向前迈进了一大步。在分配对象、具体分配方法等方面,闽西土地决议都做出了新的贡献和发展。这些改革尝试在理论和实践上为此前党内有关于土地革命政策讨论中许多悬而未决的问题提供了"看得见、摸得着"的解决方案。特别是在行动策略和具体方法上,它们对其他革命根据地乃至今后的历次土地改革都起到了很好的借鉴和示范作用。

随着试验数量的不断积累,至瑞金时期,党内已经初步摸索出一整套开展各种土地改革政策实施试验的工作流程:首先,对不同地区进行全面细致

---

① 参见《邓子恢传》,人民出版社,1996年,第70—91页。

试　点

的调查研究,挑选出具备开展土改试验条件的若干地点;其次,派遣由骨干组成的工作组到挑选出来的各个地区,在这些范围比较小的地点试验新的土地改革措施;再次,定期向上级汇报试验工作进展,同时通过改革实践来培养当地积极分子和潜在的新干部,并组织其他地方的干部和群众到这个示范点来参观;最后,迎接上级下派调查组对试验成果的检验,推广经上级确认的有益于党的方针政策的做法,把示范点的干部和积极分子分派到新的试验地区。当时,在试验过程中涌现出的一系列典型示范地区,如"苏区模范乡""模范兴国"等,对其他地区的相关工作提供了有益的经验和积极的示范作用。中共中央开始将"积极试点""典型示范"作为一种有效的工作方法,注重通过个别的示范效应来推动全局工作,着重强调"先进的地方应该更加前进,落后的地方应该赶上先进的地方"①。

（二）全民族抗战时期:进一步发展

抗日战争时期,主要产生于土改实践的试点工作方法,因其显著的积极效应而开始被应用于党的其他工作领域。这主要是由于在战争年代的特殊环境下,中央难以对各根据地的工作进行具体指导,同时很多工作确实也没有现成的经验可以借鉴。许多事情只能是先"干了再说",在"干中学习"。②进而,再"突破一点,取得经验,然后利用这种经验去指导其他单位"③。于是在考虑到不同地区多样性的基础上,中央鼓励各地党组织为应对一些新的问

---

① 《毛泽东选集》(第一卷),人民出版社,1991 年,第 140 页。
② 参见中国抗日战争史学会、中国人民抗日战争纪念馆编:《抗战时期的陕甘宁边区》,北京出版社,1995 年,第 704 页。
③ 《毛泽东选集》(第三卷),人民出版社,1991 年,第 897 页。

题而探索各种新的做法,希望能够从中创造出有益的经验并将其推广到其他地区。

这一时期,陕甘宁边区首先成为各项工作试验的中心区域。中共中央利用边区的特殊条件,将许多政策在边区首先试行,然后再推广到全党和各个抗日根据地。毛泽东在中共七大预备会议报告中说道:"陕北已成为我们一切工作的试验区。我们的一切工作在这里先行试验。"①当时所开展的生产运动、干部学习运动、党的整风运动皆采取了这一做法。②

除此之外,在各个抗日根据地中,太行山根据地是运用试验方法较为集中和突出的地区。③ 1939 年 9 月,中共晋冀豫区第一次代表大会决定建立"实验县、实验区村"的制度。在根据地开展的"整党"工作中,辽县和武乡两个县被要求以 1934 年的"模范兴国"为榜样,在整党建党、根据地建设、群众工作等方面为全区提供"典型示范"的经验,这些县被称之为"实验县"。同时,在实验县内部又具体选择了一些村庄和党支部作为"实验村""实验支部"。这项实验县工作从 1939 年秋持续到了 1942 年底。

在整党中,实验县的工作,是区党委的一项卓有成效的工作。设立由区党委直接领导的实验县,用以典型示范总结经验,指导全区,是在第

① 中央档案馆编:《中共中央文件选集》(第十五册),中共中央党校出版社,1991 年,第 103 页。
② 参见中国抗日战争史学会、中国人民抗日战争纪念馆编:《抗战时期的陕甘宁边区》,北京出版社,1995 年,第 704—706 页。
③ See Sebastian Heilmann. "From Local Experiments to National Policy: The Origins of China's Distinctive Policy Process." *The China Journal*, No. 59, January 2008.

试 点

一次党代会上提出来的。开始,依照第二次国内革命战争中在中央根据地内建立兴国模范县的例子,提出建立模范县。区党委还在 1939 年 10 月 3 日发了一个《六个月模范县建设的主要标准》。后来考虑用实验县的提法,更能反映区党委以点带面的指导思想,改为实验县。

区党委指导实验县的工作,不是指导具体地如何完成各项任务,而是着重实验如何根据区党委确定的工作方针,深入工作,巩固组织,起示范作用……区党委要求实验县首先搞好支部建设,建立坚强的党支部。在辽县,提出建立实验支部,创造模范支部的要求。在确定实验支部时,对全县 136 个支部进行了广泛的调查研究,从中挑选了 15 个实验支部,由县委和区委领导分别包点,抽调干部以创造基点的名义帮助支部工作。[①]

——"第一次整党与实验县工作"

太行山根据地时期以"实验县"为代表的试验性工作对试点的发展具有十分关键的影响。无论是对试点方法本身的进一步完善,还是对其未来的发展而言,可以说都与这一时期的探索和经验有着紧密关联。这具体体现在以下三个方面:

其一,在开展试验工作的程序和内容等方面初步形成了一套较为系统的办法。通过对当时两个"实验县"的工作文件进行仔细分析后可以发现,这一

---

① 李雪峰:《李雪峰回忆录——太行十年》,中共党史出版社,1998 年,第 105～107 页。

时期的政策试验方法已经有了很大进展(参见表1.1)。这包括对试验工作制定了详细的任务标准,以明确试验的目标和责任,并将其进一步细分,每个阶段都有相应的必须按时完成的工作目标,同时明确了相应的检查办法;在试验过程中引入竞争机制,在各个"实验村庄""实验党支部"之间进行工作竞赛,落后的一方被要求参观和学习先进的一方;经常性地对"实验县"的工作进行总结,细致分析进步与不足,适时调整下一阶段的工作重心及手段。这些都是在之前的试验实践中不曾有过的,应该说极大地丰富了试点的内涵。

表1.1 太行山根据地时期"实验县"简况

名称	时间
《六个月模范县建设的主要标准》	1939年10月3日
《辽县实验县的动员报告》	1939年10月
《武乡实验县首次活动分子动员大会总结》	1940年4月25日
《辽县实验县具体领导的几点经验》	1940年4月
《创造辽县模范县的战斗任务及工作标准》	1940年夏
《辽县实验县工作总结》	1940年10月
《武乡实验县工作的检讨与转变方向》	1941年1月7日
《辽县实验县三年工作总结》	1942年11月23日

资料来源:山西省档案馆编:《太行党史资料汇编》(第二卷),山西人民出版社,1989年,第619~621页、第664~668页;山西省档案馆编:《太行党史资料汇编》(第三卷),山西人民出版社,1994年,第260~281页、第513~515页、第711~726页;山西省档案馆编:《太行党史资料汇编》(第四卷),山西人民出版社,1994年,第9~11页;山西省档案馆编:《太行党史资料汇编》(第五卷),山西人民出版社,2000年,第824~865页。

同时,随着这一时期的政策试验性工作越发地走向"精细化",在实践操作中逐渐出现了一些更为专业化的工作手段,并由此造就了一些专门性术语。比如,"实验县"内的基层层面所选择设立一些"实验村""实验党支部"等,在当时被称之为"基点"。① 从这些"基点"的实际运作情形来看,它们可以说是现在试点过程中广为熟知的试点一词的前身。

其二,对政策试验性工作中出现的负面效应有了初步认识。应该说,试验探索性的方式方法在当时一直都是以"正面形象"出现的,似乎使用这一工作方法是不会出现任何问题、一定会达成预期目标的。这事实上是由于试验方法运用的时间尚短、试验的范围还比较狭窄,其还未经过现实环境的进一步检验。而随着试验方法应用于更多的根据地,以及伴随而来的试验内容的进一步复杂,试验工作实践中逐渐暴露出政策试验方法的一些问题和不足。在太行山根据地的试验工作中,就出现了试验的成本分担遇到障碍、试验区域与非试验区域的互动困难等问题。当时的试验工作主导者对此有着及时、清醒的认识,并通过不断总结经验作了相应的校正。这为政策试验性方法的持续性发展做出了重要贡献。

一方面,工作先进模范地区,因为受不起各种模范作用之长期过重负担,势必日渐降低其积极性,或者产生消极埋怨情绪,使工作逐渐走向消沉与坍台;另方面,工作落后之地区,由于各种反动势力之阻挠与惧怕

---

① 参见山西省档案馆编:《太行党史资料汇编》(第二、三、四、五卷),山西人民出版社,1989、1994、1994、2000 年。

模范作用之负担,使工作甚难获得应有之进步。①

——"中共中央北方局关于太北工作给小平、雪峰的信"

1942 年 3 月 2 日

在指导上,机械地运用"先进区推动落后区"这一规律,而把工作局限在先进地区与停留在基点上。把基点上的先进的经验,没有具体地运用到落后山庄,没有根据落后地区的具体条件及干部自身的经验,有机地吸收先进地区的经验,而是生硬地企图直接地推动落后地区,如只在一齐开会,让先进地区报告,企图用以影响落后地区等方式。②

——"土地政策与农民斗争问题"

1942 年 4 月 5 月 8 日

其三,这一时间段的试验实践及精神以一种特殊的方式"传承"了下来。太行山根据地时期试验工作的一个特殊之处在于,与各个时期和革命根据地的试验实践相比,它与改革开放之后的有着更为特殊和紧密的"关联性"。其之所以会如此,是在于随着以邓小平为代表的太行山根据地领导人在未来的改革开放事业中开始发挥举足轻重的作用,这一时期的政策试验性工作实践"自然而然"地会对这些改革开放主导者的政策理念及方法产生重要的影

---

① 参见山西省档案馆编:《太行党史资料汇编》(第五卷),山西人民出版社,2000 年,第 135 页。
② 同上,第 273 页。

响①。太行山根据地时期的政策试验,历史通过这一方式得到了继承。

(三)解放战争时期:上升为正式工作方法

解放战争时期,试点作为党的一种领导和工作方法在更广阔的地域范围内得到了应用。这一时期,政策试验方法主要以其"以点带面""逐步推广"的特点发挥着对于政策执行过程的节奏性和稳健性优势。

随着解放战争的快速发展,短时间内解放区的面积急剧扩大,情况更为复杂。而当时各个地区尤其是新解放区,又急于在本区域内完成土地改革,为解放战争的胜利建立巩固的后方。在来不及作调查研究,未能充分了解当地具体条件的情况下,部分地区尤其是新解放区轻率地推动土地改革,企图在短时间内全面、迅速地完成土地改革。结果事与愿违,欲速则不达,出现了许多违背中央土地改革政策精神的错误行为。党中央及时纠正了这一倾向,强调土地改革要根据老区、半老区和新区②的不同情况来确定工作方针和策略。

根据党的土地改革总路线和中国土地法大纲的基本精神,结合老区、半老区已有土地改革的经验,以及新区的特殊性,中共中央对这一阶段土地改革的策略和政策做了更加详细的安排。这具体包括:在新解放区中主要采用"逐步推广"的办法,面对一切工作尚无基础,群众基础亦比较薄弱的情况,在新的解放区域采用了分阶段渐次开展土地改革的策略,每个乡先从有条件的

---

① See David Goodman. *Deng Xiaoping and the Chinese Revolution: A Political Biography*. London: Routledge, 1994, pp. 41 – 45.

② "老区"是指日本投降以前的解放区,"半老区"是指日本投降至全国大反攻时解放的地区,"新区"是指解放战争进入反攻后开辟的地区。

一至两个村庄做起，每个县先从有条件的一至两个乡做起，以此类推、由点到面；在老区、半老区中主要采用"典型示范"的办法，依靠已有的较为丰富的改革经验和较为深厚的群众基础，及时向土地改革不彻底和个别未进行土地改革的地方传播和推广土改、整党等方面的有益经验，并在实践过程中进一步补充和发展这些经验。① 毛泽东在关于解放区土地改革的一系列讲话中详细地阐述了这两种不同的工作策略及其优势。

> 　　你们不应对于全区几十个县的一切区乡同时动手，而应选择若干条件适当的县，每县先从一至二个区做起，做出成绩，取得经验，影响他区群众，然后逐步推广。
>
> 　　我们应当坚决采用逐步推广的方法，不用普遍动手的方法。逐步推广的运动，看来很慢，其实是快；普遍动手的方法，看来是快，其实是慢。②
>
> 　　　　　　　　　　　　——"新解放区土改斗争策略"
>
> 　　　　　　　　　　　　1948 年 1 月 22 日

> 　　不要全面动手，而应选择强的干部在若干地点先做，取得经验，逐步推广，波浪式地向前发展。③
>
> 　　　　　　　　　　　　——"新解放区土地改革要点"

---

　　① 　参见中央档案馆编：《解放战争时期土地改革文件选辑 1945–1949》，中共中央党校出版社，1981 年。

　　② 　《毛泽东文集》(第五卷)，人民出版社，1996 年，第 37、38 页。

　　③ 　《毛泽东选集》(第四卷)，人民出版社，1991 年，第 1284 页。

试　点

1948 年 2 月 15 日

这种叙述典型经验的小册子,比我们领导机关发出的决议案和指示文件,要生动丰富得多,能够使缺乏经验的同志们得到下手的方法,能够有力地击破党内严重地存在着的反马列主义的命令主义和尾巴主义。各中央局、中央分局及前委的领导同志们,在对自己领导的各项重要工作发出决议或指示之后,应当注意收集和传播经过选择的典型性的经验,使自己领导的群众运动按照正确的路线向前发展……向群众迅速传播这些经验,使正确的获得推广,错误的不致重犯。①

——"'山西崞县是怎样进行土地改革的'一文按语"

1948 年 3 月 12 日

经过在更大范围内特别是不同地域环境中的应用,试点的策略和方法在解放战争时期更加趋于成熟。在这一时期,通过树立"典型"、渐次"推广"来施行新的政策和确立新的制度规章已经成为党在工作过程中所普遍采用的一种手段。至此,试点由特定领域的工作经验升华为一种普适性较强的工作方法。由于解放战争的持续时间并不长,因此许多事项的试验工作还一并被带入到新中国建设的各项日程中。

---

① 《毛泽东文集》(第五卷),人民出版社,1996 年,第 80 页。

二、新中国前期的经验得失

新中国成立后,试点工作方法的应用范围进一步扩大,被党政机关运用到治国理政的多个领域。而随着试验数量不断增加、试验类型不断丰富、试验环境的不断变化,中国共产党和中国政府对试点的认识也在逐渐深入,开始有了一些规范化、系统性的思考。

为了使试点这一工作方法能够更快地在全国范围内推开,中国共产党首先对试点的价值、原则,以及其他多个方面进行了系统总结,并形成提纲式的正式文本,以便于试点思想及方法的传播。1951 年 11 月,党对土地改革工作总结出六个工作步骤,它们包括:培训土改工作队和动员干部下乡、典型试验、重点突破、由点到面、点面结合、稳步开展。[①] 这其中从第二到第六个步骤对当前试点的过程仍具有启发意义。1953 年 10 月出版的一份干部学习理论刊物将试点的价值总结为:其一,进行试点可以减少执行不熟悉政策时的"盲目性",给干部群众提供观摩和学习新政策的机会;其二,先行在小范围内尝试新的政策和制度,使地方群众参与到试验中来,可以赢得群众对新政策的支持;其三,在执行新政策时预先进行试点,有助于节省人力、物力和时间。此外,成功进行一项试点还需要把握以下四点原则:一是要掌握好进行试验的时机并做好充分准备,仓促试点很可能会导致失败;二是要挑选各方面条件都适宜的地区,在具备一定典型性的地方得出来的经验才能够对其他地区

[①] 参见周恩来:"一九五一年十月二十三日在中国人民政治协商会议第一届全国委员会第三次会议上的报告",《人民日报》,1951 年 11 月 3 日。

试　点

形成有效指导;三是试验工作中所配备的干部和积极分子的能力要强;四是要实事求是地总结试点工作,这样才可能提取出可供推广的经验。[①]

在这些工作的基础上,《人民日报》于1963年9月20日专门发表社论,对试点进行了一次较为全面的系统性总结,涉及试点的内涵、试点在政策制定与执行过程中的作用、开展试点的策略性与科学性等方面。[②] 应该说,这些梳理和总结对现在的试点而言仍具有显著的适用性。

典型试验是一个科学的方法,就是毛泽东同志所提倡的一般和个别相结合的工作方法。在我们制订方针政策的时候,必须采取这个科学的方法;在我们执行方针政策的时候,也必须采取这个科学的方法。

在我们的社会实践中,典型试验占有很重要的位置。典型试验就是选择有代表性的个别单位,进行小规模的试探性的社会实践。

领导机关需从典型试验中取得对事物的比较深刻的认识,又从更多单位的调查中取得对事物的比较广泛的认识,并且把两者结合起来,才可能为制订方针政策提供比较可靠的依据。

要避免大的失败,常常可以用一些小的失败来换取。典型试验就是用可能发生的小失败来防止大失败的好办法。

先作典型试验,得到了正确的认识和正确的经验,锻炼了骨干,有了活的榜样,在推广的时候,就可以少走一些弯路,做得更快更好。

---

① 参见刘子久:"论试点",《学习》,1953年第10期。
② 参见"典型试验是一个科学的方法",《人民日报》社论,1963年9月20日。

过去,我们的党在各项工作中运用典型试验的方法,取得了伟大的成就;今后,在各项工作中坚持认真地进行典型试验,必将继续促进我们的事业以稳健而迅速的步伐前进。

　　　　　　　　　　——"典型试验是一个科学的方法"

　　　　　　　　　　《人民日报》,1963 年 9 月 20 日

　　试点的思维和方法在这一时期不断得到正式定义和规范性梳理,基本上进行试验的一般操作性流程和各种术语都得以确定下来,比如试点、"典型试验""典型示范""由点到面""逐步推广""点面结合"等。虽然在之后的发展过程中,试点的内容和形式都经历了不同程度的变化,但这些名词及其原本含义基本都保留了下来,并成为中国政策过程乃至中国政治中的特有词汇和话语。其中试点①更是成为认知和理解改革开放进程的最为普遍的关键词之一。

　　然而到了"文革"期间,中国政府的正常运作受到极大干扰,相应地这一时期的试点工作亦面临较大困难。这主要体现在两个方面:一是越来越多的新政策推行工作跳过了试点这一阶段,使得政策方案还未成熟就开始轻率地全面实施。在社会主义建设中,由于许多政策的推行"急于求成,夸大了主观

---

　　① 根据德国学者韩博天(Sebastian Heilmann)和库福斯(Peter Kuhfus)的研究,在 20 世纪 30 至 40 年代期间,苏联所进行的地方小规模试验中偶尔使用过类似于试点的词汇——"实验点"(опытный пункт),但在 20 世纪 40 年代之后就不再使用了;在中国,试点一词最早出现在东北地区的相关工作中。See Sebastian Heilmann. "From Local Experiments to National Policy: The Origins of China's Distinctive Policy Process." *The China Journal*, No.59, January 2008.

意志和主观努力的作用,没有经过认真的调查研究和试点"①,脱离了经济社会发展规律和中国的基本国情,最终都造成了较为严重的后果。二是试点的真实性、代表性难以得到保障。为了使试点结果能够"符合"预期目标,当时普遍对试点对象搞特殊化,不恰当地对试点地区赋以各种特殊条件,从而影响到试点工作的真实效果,而这又进一步影响到后期推广这些试点成果的成功率。同时,原来各地根据自身现实情况来辩证借鉴先进典型的学习模式,变成了不求实际地树立典型、盲目地学习样板、不顾具体条件僵硬地照搬一切。这些无疑都使政策试点方法失去了应有的积极意义,试点的科学内涵已基本丧失殆尽。

三、改革开放以来的广泛推行

随着改革开放历史大门的开启,"实事求是"思想路线的确立,试点的理论和实践价值得以重新显现。在这一时期,试点活动的广度与深度都得到了前所未有的发展,试点活动的内涵与外延也在不断丰富。"试点策略"已成为中国整个经济社会转型战略的重要支持性机制。

（一）试点价值的回归

改革开放伊始,试点作为对"实事求是"的一种操作化工具,开始被恢复应用于改革实践中,并一步步地发展壮大。试点逐步回归中国的政策过程,首先表现在这一传统方法论和治理机制的理论价值得以重新显现,它在历史

---

① 中共中央文献研究室编:《三中全会以来重要文献选编》(下册),人民出版社,1982年,第805页。

上相当一段时期内的重要地位得到了重新确立。

在复杂且困难重重的转型环境中,改革面临着理论和实践的双重匮乏,为尽可能短时间地为改革开放事业的加快进行找到"事实性"的合法性支柱,更为多个领域改革的深入进行找到"实践性"的操作方案,务实且有相关经验的决策者选择了以试点的名义及方式来推动改革进程。小范围、小领域的探索和尝试基本上也成为争论各方唯一可以接受的办法。当时,以邓小平为代表的国家领导人对通过进行各种试点活动来推动相关改革予以了充分肯定和鼓励,反复强调各个领域应该积极进行尝试和探索。

> 在全国的统一方案拿出来以前,可以先从局部做起,从一个地区、一个行业做起,逐步推开。中央各部门要允许和鼓励它们进行这种试验。试验中间会出现各种矛盾,我们要及时发现和克服这些矛盾。这样我们才能进步得比较快。①
>
> ——"解放思想,实事求是,团结一致向前看"
>
> 1978 年 12 月 13 日

有些问题,中央在原则上决定以后,还要经过试点,取得经验,集中集体智慧,成熟一个,解决一个,由中央分别作出正式决定,并制定周密的、切实可行的、能够在较长时期发挥作用的制度和条例,有步骤地

---

① 《邓小平文选》(第二卷),人民出版社,1994 年,第 150 页。

试　点

实施。①

——"党和国家领导制度的改革"

1980 年 8 月 18 日

改革开放胆子要大一些，敢于试验，不能像小脚女人一样。看准了的，就大胆地试，大胆地闯。

不争论，大胆地试，大胆地闯。农村改革是如此，城市改革也应如此。

我们改革开放的成功，不是靠本本，而是靠实践，靠实事求是。②

——"在武昌深圳珠海上海等地的谈话要点"

1992 年 1 月 28 日—2 月 21 日

改革固然要靠一定的理论研究、经济统计和经济预测，更重要的还是要从试点着手，随时总结经验，也就是要"摸着石头过河"。③

——"经济形势与经验教训"

1980 年 12 月 16 日

我们党长期倡导的从群众中来，到群众中去的群众路线的方法，集中起来，坚持下去的领导方法，抓典型、搞试验、调查研究、解剖麻雀的工

---

① 《邓小平文选》(第二卷)，人民出版社，1994 年，第 341 页。
② 《邓小平文选》(第三卷)，人民出版社，1993 年，第 372、374 页。
③ 《陈云文选》(第三卷)，人民出版社，1995 年，第 279 页。

作方法等等,都是行之有效的决策方法,至今仍然是我们应该继承的宝贵财富。①

——"决策民主化和科学化是政治体制改革的一个重要课题"

1986 年 7 月 31 日

与此相应的是,强调在改革实践中重视运用试验策略这一思路被写入中国共产党全国代表大会的报告中,作为推进改革开放事业的重要指导思想。1987 年 10 月,党的十三大报告指出:"各项改革都要注重试验,鼓励探索,注意找到切实的过渡措施和办法,做到循序渐进"②。1992 年 10 月,党的十四大报告也提出:"要在改革和建设的实践中,把党的路线方针政策同本地区本部门的具体情况结合起来,勇于探索,大胆试验,及时总结经验,创造性地开展工作"③。值得注意的是,党的十四大还将工作中需重视试验这一思路写入了《中国共产党章程》:"党的思想路线是一切从实际出发,理论联系实际,实事求是,在实践中检验真理和发展真理。全党必须依据这条思想路线,积极探索,大胆试验,创造性地开展工作,不断研究新情况,总结新经验,解决新问题,在实践中丰富和发展马克思主义"④。1997 年 9 月,党的十五大报告再一次强调了"需要积极探索,大胆试验,尊重群众的首创精神"⑤的重要性。

---

①　万里:"决策民主化和科学化是政治体制改革的一个重要课题",《人民日报》,1986 年 7 月 31 日。

②　中共中央文献研究室编:《十三大以来重要文献选编》(上册),人民出版社,1991 年,第 47 页。

③　中共中央文献研究室编:《十四大以来重要文献选编》(上册),人民出版社,1996 年,第 40 页。

④　中共中央文献研究室编:《十四大以来重要文献选编》(上册),人民出版社,1996 年,第 54 页。

⑤　中共中央文献研究室编:《十五大以来重要文献选编》(上册),人民出版社,2000 年,第 17 页。

试　点

（二）试点范围的扩展

试点理论价值和重要地位的恢复反映到现实政策过程中，就是在这一时期，试点的内容得到了极大丰富，试点的应用范围得到了前所未有的扩展。从1978年至2000年间，在以经济体制改革为主要内容的一系列关键性政策的调整过程中，进行试点基本已成为必经阶段，几乎达到了"每改必试"[①]（参见表1.2）。

表1.2　1978—2000年间的代表性试点

内容	开始时间
四川省省内6家企业进行"扩大企业自主权改革"试点	1978
湖北、广西、上海、四川等地开展"利改税"试点	1979
广东、上海、浙江等地开展"劳动合同制"试点	1980
湖北省沙市开展"经济体制综合改革"试点	1981
常州、郑州、沙市、四平等地开展"城市住宅商品化"试点	1982
全国8755个农村信用社进行"农村信用社管理体制改革"试点	1983
北京、广州、上海等地开展"股份制"试点	1984
北京师范大学等高校进行"高校内部管理体制改革"试点	1985
上海、苏南地区开展"农村社会养老保险制度"试点	1986
深圳、上海、天津等地进行"土地使用制度改革"试点	1987
北京海淀区开展"个人收入调节税应税收入申报制度"试点	1988
国务院6部门开展"公务员制度"试点	1989
上海、深圳等地开展"股票市场"试点	1990
上海开展"住房公积金制度"试点	1991
全国9个省、市、自治区开展"分税制"试点	1992

---

① 朱光磊：《当代中国政府过程》，天津人民出版社，2008年，第151页。

续表

内容	开始时间
上海开展"城市最低生活保障制度"试点	1993
全国百家企业开展"建立现代企业制度"试点	1994
江苏镇江、江西九江进行"城镇职工医疗保障制度改革"试点	1995
上海浦东开展"外资金融机构经营人民币业务"试点	1996
全国 382 个小城镇进行"小城镇户籍制度改革"试点	1997
黑龙江、浙江、重庆等地和部分中央部委进行"公车改革"试点	1998
四川、陕西、甘肃开展"退耕还林还草"试点	1999
安徽等地进行"农村税费改革"试点	2000

资料来源:作者根据 1978—2000 年国务院政府工作报告、《中华人民共和国大事记1949 年 10 月—2009 年 9 月》(新华社北京 10 月 2 日电)、《改革开放三十年——决定当代中国命运的重大抉择》(《改革开放三十年》编写组,中央文献出版社,2008 年)等资料中的相关内容整理而成。

　　这一时期,在中央层面的不断强调和鼓励下,各地方、各部门对于开展试点有着很高的积极性。除了中央自身布置的一些试点项目,国务院各部委、各级地方政府乃至企事业单位也都开展了各种探索性的试点工作,在各个领域、各个地方、各个层面都存在着大量的试点项目,从而促使试点的数量、范围得到了迅速扩大。试点这一方法论和工具以一种前所未有的速度和节奏重新回归中国治国理政的舞台。

　　(三)试点方式的创新

　　1978 年以来,在"摸着石头过河""改革开放是很大的试验"①等思路的指

———————

①　《邓小平文选》(第三卷),人民出版社,1993 年,第 130 页。

试 点

导下,在农村改革、城市及经济体制改革等多个政策领域中的试点项目越来越多。为了满足完成内容愈加丰富的各种试点项目的需要,实施试点的方式和手段也在越发地多样化。具体而言就是,这一阶段出现了全新的试点类型——以"经济特区"的开始创建为代表的地域性"政策试验场"。经济特区以及在这之后陆续出现的各种开发开放区、新区、示范区、合作区、专门性试验区、综合性改革试点区域等,成为改革开放时期试点方式创新的最显著标志(参见表1.3)。

表1.3 1978—2000 年间国务院批准成立的代表性"试验区"

内容	开始时间
经济特区	1980
经济技术开发区	1984
沿海经济开放区	1985
可持续发展试验区	1986
农村改革试验区	1987
高新技术产业开发区	1988
上海浦东新区	1990
社区教育试验区	2000

资料来源:作者根据《中国开发区综览》(《中国开发区综览》编委会,中国建材工业出版社,1996 年)、《中国经济特区发展报告 2010》(钟坚主编,社会科学文献出版社,2010年)、"国家可持续发展试验区建设辉煌成就纪实"(《科技日报》,2008 年 12 月 29 日)、"展望 21 世纪我国社区教育"(《中国教育报》,2003 年 1 月 28 日)等资料中的相关内容整理而成。

经济特区等一批开发开放区的创办和发展,是中国启动改革开放进程并取得一系列进展的重要标志和精彩缩影。① 1979 年 1 月 31 日,国务院批准交通部香港招商局在深圳蛇口地区建立出口工业区。1979 年 4 月,中央工作会议决定对广东、福建两省实行"特殊政策、灵活措施",并提出在广东的深圳、珠海、汕头、福建厦门、上海崇明岛等地试办出口特区。1979 年 6 月 6 日,中共广东省委向中共中央、国务院提交了《关于发挥广东优越条件,扩大对外贸易,加快经济发展的报告》,建议在深圳、珠海、汕头试办出口特区;6 月 9 日,中共福建省委向中共中央、国务院提交了《关于利用侨资、外资,发展对外贸易,加速福建社会主义建设的请示报告》,提出试办厦门出口特区;7 月 15 日,中共中央、国务院批转广东、福建两省报告,决定先在深圳、珠海两市划出部分地区试办出口特区,待取得经验后,再考虑在汕头、厦门设置的问题。1980 年 5 月 16 日,中共中央、国务院发出《关于广东、福建两省会议纪要的批示》,把特区名称正式定为"经济特区"。1980 年 8 月 26 日,五届全国人大常委会第十五次会议通过并公布国务院提请审议的《广东省经济特区条例》,批准建立深圳、珠海、汕头等 3 个经济特区。1980 年 10 月 7 日,国务院正式批转福建省政府《关于厦门经济特区选址的报告》,设置厦门经济特区。1988 年 4 月 13 日,全国第七届人民代表大会第一次会议通过《关于设立海南省的决定》和《关于建立海南经济特区的决议》,海南成为中国第 5 个和面积最大的经济特区。

在经济特区相继成立之后,这一时期各种内容及形式的改革试验区域开

---

① 参见钟坚主编:《中国经济特区发展报告 2010》,社会科学文献出版社,2010 年,第 1—11 页。

始陆续出现。1984 年 5 月 4 日,中共中央、国务院发出《关于批转〈沿海部分城市座谈会纪要〉的通知》(中发〔1984〕13 号),决定在 14 个沿海港口城市着手建立经济技术开发区。1985 年 2 月 18 日,中共中央、国务院批转《长江、珠江三角洲和闽南厦漳泉三角地区座谈会纪要》,决定将长江三角洲、珠江三角洲和闽南厦漳泉三角地区开辟为"沿海经济开放区"。1988 年 5 月 10 日,中共中央、国务院批准以北京市海淀区中关村为中心建立北京市"新技术产业开发试验区"。1990 年 4 月 18 日,中共中央、国务院同意上海市加快浦东地区的开发,在浦东实行经济技术开发区和某些经济特区的政策。

在经济体制改革、城市改革等方面的专门试验区域陆续创立的同时,其他改革领域内的试验区也在不断涌现,如可持续发展试验区、农村改革试验区、社区教育试验区等。尤其是专门以农村领域改革为主题的试验区的开辟,与城市领域改革的各种试验区一起形成了推动改革开放进程的"双轮效应"。1987 年 1 月 22 日,中共中央发出《把农村改革引向深入》(中发〔1987〕5 号)的指导性文件,提出要"有计划地建立农村改革试验区";同年 7 月,第一批共计 12 个农村改革试验区成立。

有计划地建立改革试验区

充分相信群众,让亿万农民参加改革,是我国农村改革的一个特点和优点,但这绝不意味着改革可以完全自发和自流地进行,新的体制可以自然地长成。改革愈深入,愈需要领导者加强调查研究,到第一线去熟悉改革,提高指导水平。在改革的深入阶段,可在一个市(地区)、一个县的范围内，按照改革方案进行实际试验，主要目的是，由领导和群众相结合，在试验的基础上制定相应的章程和法规，使党和政府的政策具体化、完善化。

　　试验区不宜过多。在试验区可以进行综合改革试验，也可以进行某一方面的专项试验；不同的试验区可以有不同的改革方案。应在一般条件下选点，保持其典型性。要充分发挥群众、干部的首创精神，中央各有关部门对试验区要适当放权，允许突破某些现行政策和体制，以利试验与探索。试验区的选择和确定，由中央与省的有关部门共同商定。

　　试验区不是人为地制造样板，要切忌形式主义，不吃偏饭；防止浮夸和不实的宣传报道；不要大搞参观，铺张浪费。①

——"把农村改革引向深入"

1987 年 1 月 22 日

　　"试验区"这一新型试点类型及方式的出现和发展，是试点演化过程中的一个重要节点。它是改革者娴熟地掌握了试点方法论的精髓并准确地领会了其精神实质的结果，是对试点方法的一次升级。新的试点方式的出现首先源于改革实践的需要，它要求创造出不同于以往的试点手段，以承担更多新的试点任务。"兴办经济特区，是我国实行对外开放政策的一个重大试验"②。

---

　　①　中共中央文献研究室编：《十二大以来重要文献选编》（下册），人民出版社，1988 年，第 1241—1242 页。

　　②　谷牧："关于经济特区建设和沿海十四个城市进一步开放工作进展情况的报告"，在第六届全国人民代表大会常务委员会第九次会议上所做的报告，1985 年 1 月 17 日。

试 点

以经济特区为代表的政策试验区域,是中国为在经济社会体制领域进行多方面改革而探索出的一种全新试点方式,是体制转轨进程中专门的"试验田""试验场"。通过运用试验区,能够达到以往的试点方法所难以完成的试验目标。它可以先于其他地区实行新的政策、新的经济社会管理体制以及各种特殊、灵活的措施,在这一区域放手进行改革试验。"这样做,既可以将成功的经验向内地推广,又可以把试验中可能是不成功的东西限制在小范围内,对域外经验进行筛选和过滤,为我所用"[①]。可以说,以经济特区为代表的各种试验区域,因其显著的贡献和创新性,是理解改革开放历程的重要关键词,同时这一试点方式一直延续到了现在,并在不断演变更新。

四、21世纪以来的新进展

进入21世纪之后,试点继续被应用于中国的各个改革领域,并有了一些新的变化。这一时期,由于中国政府职能的进一步转变,一些新的改革任务不断被提上议程,如行政体制改革、公共服务体系建设等,试点则在其中发挥着相应的作用(参见表1.4)。可以说,经过改革开放以来大量运作实践的洗礼之后,试点方法本身已较为完备,各个领域、各个层面的实践者们对于这一工具的运用基本上都已经驾轻就熟。这也使得其能够被应用到更多新的改革事项中。

---

① 谷牧:"关于经济特区建设和沿海十四个城市进一步开放工作进展情况的报告",在第六届全国人民代表大会常务委员会第九次会议上所做的报告,1985年1月17日。

表1.4　2001—2012 年间的代表性试点

内容	开始时间
辽宁等地开展"完善城镇社会保障体系"试点	2001
广东、重庆等地开展"综合行政执法"试点	2002
全国 304 个县(市、区)开展"新型农村合作医疗制度"试点	2003
黑龙江、吉林、安徽和湖北 4 省进行"乡镇机构改革"试点	2004
证监会布置 4 家公司进行"股权分置改革"试点	2005
全国 89 个地区和 170 个单位开展"文化体制改革"试点	2006
全国 79 个城市开展"城镇居民基本医疗保险"试点	2007
新疆阿勒泰、浙江慈溪开展"官员财产公示制度"试点	2008
全国 10% 的县(市、区、旗)开展"新型农村社会养老保险"试点	2009
全国 16 个城市进行"公立医院改革"试点	2010
上海、重庆开展"对个人住房征收房产税"试点	2011
上海开展"营业税改征增值税"试点	2012

资料来源:作者根据 2001—2012 年《国务院政府工作报告》《中华人民共和国大事记 1949 年 10 月—2009 年 9 月》(新华社北京 2009 年 10 月 2 日电)等资料中的相关内容整理而成。

出于满足改革实践发展要求的需要,这一时期亦有新的试点方式出现,即"综合改革配套试验区"。事实上,早在 20 世纪 80 年代末 90 年代初,就有过进行多种体制改革间的综合配套性试验尝试。比如从 1992 年 6 月开始,国家体改委陆续批准江苏省常州市等 18 个区域中心城市进行综合配套改革试点,明确提出这次试点工作以加快建立社会主义市场经济新体制为目标,从依靠单项突进转向全面建立新体制,强调统筹协调、综合配套、整体推进的原则,着重从产权制度、培育市场体系、社会保障制度、住房制度、科教体制、农

试 点

村改革、政府职能和机构改革等方面配套推进相关改革。同时,国家经济体制改革委员会在此次试点工作启动之初就强调指出,对于各个试点城市"不再给予任何特殊优惠政策"。① 其后,在 1992 年 8 月 29 日,国家科委、国家体改委发出《关于印发〈城市科技经济体制综合配套改革试点工作的几点意见〉的通知》,陆续将一批城市列为科技经济体制综合配套改革试点城市,意图通过在这些城市开展科技体制和经济体制的配套式改革,以实现加速科技成果向现实生产力转化,更快更好地解决科技与经济相结合的问题。这可以说是较为初步的综合改革配套试点。另外,劳动部于 1994 年 4 月 7 日发出《关于劳动体制区域综合配套改革试点的指导意见》的通知(劳部发〔1994〕155 号),在 2 省 10 市布置进行建立符合社会主义市场经济要求的新型劳动体制的试点。

应该说,20 世纪 90 年代的一系列综合配套改革试点实践为之后综合改革配套试验区的建立做了很好的铺垫。为适应 21 世纪以来改革形势和任务的变化,以上海浦东新区、天津滨海新区、深圳特区等原有的试验区域转变为综合改革配套试验区为标志,试点在其发展历程中又增加了一种全新的试点类型。2005 年 6 月 21 日,国务院第 96 次常务会议批准上海浦东新区进行社会主义市场经济综合配套改革试点,第一个国家级综合配套改革试验区产生。在这之后,中央政府陆续批准成立了 10 个国家级综合配套改革试验区(参见表 1.5)。这一系列"综合改革配套试验区"的设立,可以说是改革开放

---

① 王仕元主编:《中国综合配套改革试点城市》,改革出版社,1994 年,第 30 页。

以来继经济特区等第一批试验区之后的第二批新型试验区。

表 1.5　2005—2011 年间设立的国家综合配套改革试验区

名称	设立时间
上海浦东新区综合配套改革试验区	2005 年 6 月
天津滨海新区综合配套改革试验区	2006 年 5 月
重庆市全国统筹城乡综合配套改革试验区	2007 年 6 月
成都市全国统筹城乡综合配套改革试验区	2007 年 6 月
武汉城市圈全国资源节约型和环境友好型社会建设综合配套改革试验区	2007 年 12 月
长株潭城市群全国资源节约型和环境友好型社会建设综合配套改革试验区	2007 年 12 月
深圳市综合配套改革试验区	2009 年 5 月
沈阳经济区国家新型工业化综合配套改革试验区	2010 年 4 月
山西省国家资源型经济转型综合配套改革试验区	2010 年 12 月
厦门市深化两岸交流合作综合配套改革试验区	2011 年 12 月

资料来源:《温家宝主持国务院常务会议批准上海浦东新区进行综合配套改革试点》(新华社北京 2005 年 6 月 22 日电),《国务院关于推进天津滨海新区开发开放有关问题的意见》[国发〔2006〕20 号],《国家发展改革委关于批准重庆市和成都市设立全国统筹城乡综合配套改革试验区的通知》[发改经体〔2007〕1248 号],《国家发展改革委关于批准武汉城市圈和长株潭城市群为全国资源节约型和环境友好型社会建设综合配套改革试验区的通知》[发改经体〔2007〕3428 号],《国务院关于深圳市综合配套改革总体方案的批复》[国函〔2009〕56 号],《国家发展改革委关于批准设立沈阳经济区国家新型工业化综合配套改革试验区的通知》[发改经体〔2010〕660 号],《国家发展改革委关于设立山西省国家资源型经济转型综合配套改革试验区的通知》[发改经体〔2010〕2836 号],《国务院关于厦门市深化两岸交流合作综合配套改革试验总体方案的批复》[国函〔2011〕157 号]。

与此前以经济特区为代表的各种以经济体制改革为主题的单一型试验

区域不同的是,综合改革配套试验区在试验的广度、深度和路径等方面都存在着较大的改变,是试点进入 21 世纪后的一个重要新发展。在综合改革配套试验区中,展开的不再是若干分散的单项改革试点或者仅仅是经济改革试点,而是多体制、多领域间的综合配套改革试点,包括经济体制、政治体制、文化体制和社会建设等多方面的改革探索,是一项综合性、系统性、联动性的全局试点工程。综合配套改革试验区承担着为正向更深层次攻坚阶段迈进的改革事业探路的历史使命。它的出现既是试点发展过程中一个新的创造,更是中国经济社会转型历程中一个新的里程碑。

第二节　对试点演变的总体分析

在对试点的发展脉络进行线性梳理之后,这里对其中较为重要的发展线索做一下总体分析。尽管在不同阶段进行调整的侧重点不尽一致,但配合改革计划的展开,服从服务于政策过程实践的具体要求,始终是试点发展演变的出发点。通过前述的回顾和考察,试点在四个方面产生了相应的规律性变化,并且这些演变在逻辑关系上环环相扣。

一、主线:从内源到开放

经过各个不同历史时期的洗礼,试点已在多个方面实现了自身的"更新换代"。这其中最显而易见的一个转变在于,随着改革开放大门的开启,构成试验基础的实践样本和参照物来源发生了极大的变化,进而试点经历了一个从内源式到开放式的演变过程。① 这一变迁构成了贯穿于试点发展历程的一条主干线。

受特定历史环境及其他主客观因素的影响,在改革开放之前,试点的一个显著特征是,基本上进行的所有试点工作依靠的都是来源于自身内部的实践经验。也就是说,这一时期的试点建立在中国各地方、各领域的做法和经验上的,从这些基层实践中总结、提炼出正式方案,以供决策者参考和借鉴。在具体的操作层面上,基于内源模式的试点只能是多鼓励个别地方、基层主动探索、努力创新,以为全局提供更为丰富的选择和可能,将一方的政策移植到更多的地方乃至全国。为了尽快推动新政策的全面实施,这一阶段多是采用"树典型""立样板"的方式,反复强调、宣传新政策的积极效应,让还未实行新政策的地区前来观摩、学习,沿着"由点到面"的轨迹实现制度的新旧更替。

改革开放进程的开启,推动试点朝着更加开放的方向发展。将目光转向全球视野的开放式试点,为探求新的解决之道提供了更多的路径,带来了更多的可能性选择,使得试点可以从开放式、多元化来源中吸取各种政策灵感,这包括来自发达国家、发展中国家,乃至一些正处于转型过程中的国家的理论、经验和知识等。以经济特区、各类开放开发区等的启动为标志,新思路、新制度开始在这些新的试验场所受到检验和筛选。这些来自其他经济社会制度的正反两方面经验,为试点提供了更多方向性的指导。在基于开放来源的试点模式下,开始大量地从本国体制之外引进政策方案和知识并对其进行

---

① 参见王辉:《渐进革命:震荡世界的中国改革之路》,中国计划出版社,2008年,第25—28页、第94—97页。

试　点

试点,这一时期出现了更多也更为丰富、多样化的试点实践,新的试点方式也在不断涌现,反过来这些创新又从不同侧面强化了试点方法的创造力和适应能力。

内源式与开放式是试点对于满足改革实践要求的适应性变化,这里并不存在孰优孰劣的问题。事实上,自中国启动改革开放的历史开关伊始,就注定了试点会从内源式朝着开放式的方向转变,这是一个自然而然的过程。内源式的改革试点以中国当时所处的经济社会体制和运行经验为参照和引导,试验原型和政策选择主要限于内部各地区不同的实践、直接经验等。这一试点模式对于当时条件下的中国来说做出了自己的应有贡献。可以说一直到改革初期,农村改革的初步成功仍是主要基于内源式试点的结果。然而,当改革的重心从农村转向更为复杂的城市体制改革时,本土的经验、知识和制度记忆已经难以为新的改革试点提供有效的帮助和借鉴。在改革开放"破冰"之后,各方面改革转向进行开放式试点就成为顺理成章的选择。

同时,迄今为止的一系列试点实践业已证明,迈向开放式试点并非就意味着全盘引进域外的种种现成方案,更不是简单地直接照搬和复制各种名称的制度和模式。中国基于开放式来源的试点,是在扩大选择范围的基础上,对各种外来理论进行反复测试、比较,吸收其中的合理成分为我所用,将其与本土实践重新整合,最终推出一个经过改造甚至全新的制度方案,并将其谨慎地施行于相关改革领域。应该说,目前中国的试点策略已较为成熟,实际上是将开放与内源有效结合起来的一种模式。

二、内容：围绕治理日程适时更新

在试点的具体内容方面，作为中国经济社会体制转型中应用普遍的支持性工具，试点始终是为了围绕、配合治国理政过程中现实改革的需要展开的。因此，试点具体内容的变化自然就取决于政府职能的调整。从某种程度上说，中国政府职能的转变历程基本上也就决定了一直以来试点内容的演变路径。

新中国成立初期，中国政府基本致力于恢复与重建，工作重心主要集中在恢复国民经济、巩固新生政权、进行社会主义改造等方面，相应地这一阶段所进行的试点就主要集中在土地改革运动、农村生产关系变革、教育体制以及党的建设等少数几个领域。同时，由于其后受到政治运动的干扰，大多数正在进行的试点工作很快就走形、变质甚至中断了。总体而言，这一时期试点的内容是较为简单和分散的。试点在具体内容上出现明显差异的时间刻度，应该标记在新旧世纪之交，这前后两个时间段内试点的内容各有侧重。

（一）以服务于经济建设为主的试点

改革之后，中国面临着经济体制转型的历史性任务，当中国政府的工作重心转移到经济建设上来的时候，这一时期中国最普遍或者说"最大的试验是经济体制的改革"①，有关经济体制改革的一系列试点顺理成章地成为这一阶段试点的主角。从中央到基层，方方面面有关以促进经济发展为标尺而鼓

---

① 《邓小平文选》（第三卷），人民出版社，1993年，第130页。

试 点

励进行大胆试验和探索的讨论十分热烈,各个领域为配合经济领域的改革、为经济的发展保驾护航所开展的相关试点实践也非常踊跃。

为了更为直观地描述政府职能调整对于试点内容的直接性影响,笔者对1979 年至 2000 年这一时间段的国务院政府工作报告中有关于试点的内容进行了简单统计(参见表 1.6)。通过以试点、试验为关键词的查询并整理之后,不难发现,这一时期试点的内容较为明显地集中于经济改革与建设领域,包括农村改革、国有经济改革和非公经济发展、财税金融体制改革、市场经济体系建设、价格体系和流通体制改革、收入分配制度改革等。这一特点很好地契合了"以经济建设为中心"的政府职能转变主旨。

表 1.6　1979—2000 年间国务院政府工作报告中有关于试点的内容

时间	涉及事项	时间	涉及事项
1979	经济管理体制改革、企业自主管理权	1990	农村改革试验区、国有企业"税利分流"、分税制、城市综合改革、县级综合改革、经济特区
1980	外贸体制改革、经济管理体制改革、"利改税"	1991	国有企业"利税分流"、租赁制、股份制、分税制、住房制度和社会保障制度改革、经济特区
1981	经济体制改革、经济特区	1992	住房制度和社会保障制度改革、城市教育综合改革、发行股票和证券交易市场、分税制和税利分流改革、经济特区
1982	经济体制改革、地方行政管理体制改革、价格体系改革、"以税代利"	1993	中央与地方分税制、国有企业利税分流、经济特区

时间	涉及事项	时间	涉及事项
1983	经济体制改革、流通体制改革、农村商品流通体制改革、经济特区	1994	国有企业建立现代企业制度、城镇医疗保险制度改革、经济特区
1984	教育和科研体制改革、住宅商品化、"利改税"、企业内部经济责任制、经济特区	1995	国有企业建立现代企业制度、国家控股公司制度、城镇职工医疗保险制度改革、经济特区
1985	城市改革	1996	国企建立现代企业制度、城市改革、经济特区
1986	经济体制改革、经济特区	1997	国企优化资本结构、国企建立现代企业制度、国有大型企业和企业集团重点建设、医疗保障制度改革、国家控股公司制度、经济特区
1987	经济特区	1998	国有企业改革、经济特区
1988	经济特区、综合试验区、地方政府机构改革、股份制	1999	国务院向部分国有重点企业派出稽察特派员、小城镇户籍管理制度改革、经济特区
1989	高等教育综合改革、社会保险和社会保障制度改革、股份制、企业"税利分流"	2000	农村税费改革、退耕还林、社会公益类科研机构改革、下岗职工失业保险制度、退休人员由社区管理服务

资料来源:作者根据国务院政府工作报告(1979—2000)中的相关内容整理而成。

(二)逐步转向以服务于社会建设为主的试点

改革开放和社会主义市场经济的深入发展,有力地推动了经济领域和社会生活领域的迅速变化,进而它们必然会对政府职能重心的定位提出新的要求。进入21世纪,特别是2003年以来,"非典"的暴发、环境污染和弱势群体的显性化等一系列问题的出现,再加上经济全球化的压力,促使中国政府乃至社会各界开始反思市场因素的作用,对于民生建设、社会公平和国民福祉的关注程度越来越高。以此为契机,新一轮的以强化公共服务和社会管理职能为主基调的政府职能转变逐步展开。在社会主义和谐社会、科学发展观等宏观政策语境下,建设服务型政府、构建公共服务体系、加强社会管理和社会建设逐渐成为政府治理的核心议题,中国政府的职能转变进入服务型政府建设的新阶段。[①]

政府职能调整朝着公共服务体系建设、社会管理等方面转向,为试点方法的施展提供了新的实践平台。随着中国经济社会发展阶段的变化,现代化水平的全面提高,政府在市场领域的活动已经基本有了一个比较合理的定位。相应的,以经济体制改革为主题的试点数量自然会逐渐缩减。而相较于经济建设领域的进展,政府对于社会管理和公共服务职能的履行,不论在理论上还是在实际操作中还存在着很大的不足。中国政府在现代化历程的新节点上对其职能进行了重新定位,强化了自身在包括公共服务在内的社会职能,于是有关这一主题的试点开始了一个逐步扩张的过程,公共服务、社会保障等民生事业成为各种试点活动中新的主要角色。

通过对 2001 年至 2013 年这一时间段的国务院政府工作报告中有关于试点的内容进行整理、统计后不难发现,公共服务、社会保障等议题与经济建设议题"此消彼长"的变化轨迹十分明显(参见表 1.7)。围绕着政府社会职能

---

① 参见朱光磊、于丹:"建设服务型政府是转变政府职能的新阶段——对中国政府转变职能过程的回顾与展望",《政治学研究》,2008 年第 6 期。

的各种改革实践构成了 21 世纪以来试点的主要内容。

表1.7　2001—2013 年间国务院政府工作报告中有关于试点的内容

2001	农村税费改革、城镇社会保障体系、经济特区
2002	完善城镇社会保障体系、农村税费改革、退耕还林、央企收入分配制度改革
2003	国库集中收付制度改革、农村新型合作医疗制度、农村税费改革、完善城镇社会保障体系、相对集中行政处罚权
2004	新型农村合作医疗制度和医疗救助制度、中小学现代远程教育工程、国有商业银行股份制改造、城镇医疗卫生体制改革、农村信用社改革、增值税转型改革、完善城镇社会保障体系、行政综合执法
2005	增值税转型改革、新型农村合作医疗制度、完善城镇社会保障体系、国有商业银行股份制改革、城市医疗服务体制改革、农村计划生育家庭奖励扶助制度和"少生快富"扶贫工程、企业职工基本养老保险做实个人账户
2006	农村综合改革、新型农村合作医疗制度、文化体制改革、循环经济、部分城市和国有企业厂办大集体改革、企业职工基本养老保险做实个人账户、社区首诊制度、煤矿瓦斯综合治理和利用的科技攻关工程、经济特区
2007	循环经济、新型农村合作医疗、企业职工基本养老保险做实个人账户、农业政策性保险、资源枯竭型城市经济转型、以大病统筹为主的城镇居民基本医疗保险、国有资本经营预算编制、经济特区
2008	资源型城市经济转型、增值税转型改革、教育部直属师范大学实施师范生免费教育、城镇职工基本养老保险做实个人账户、城镇居民基本医疗保险、创业风险投资、国有资本经营预算制度、政策性农业保险、公立医院改革、农村养老保险、经济特区
2009	事业单位基本养老保险制度改革、城镇居民基本医疗保险、农村危房改造、部分住房公积金闲置资金补充用于经济适用住房建设、排污权交易、城镇职工基本养老保险制度做实个人账户、新型农村社会养老保险、公立医院改革、与港澳地区货物贸易的人民币结算、经济特区

试　点

2001	农村税费改革、城镇社会保障体系、经济特区
2010	跨境贸易人民币结算、事业单位分类改革、新型农村社会养老保险、农村危房改造、农村儿童白血病、先天性心脏病医疗保障、社区首诊、公立医院改革、免费孕前优生健康检查、用电大户与发电企业直接交易、排污权交易
2011	资源税改革、跨境贸易人民币结算、新型农村社会养老保险、低碳城市、城镇居民养老保险、公立医院改革、适龄妇女宫颈癌乳腺癌免费检查和救治保障、免费孕前优生健康检查、增值税改革、排污权有偿使用和交易、经济特区
2012	三网融合、云计算、物联网、湖泊生态环境保护、中小学教师职称制度改革、公立医院改革、城镇居民社会养老保险、新型农村社会养老保险、营业税改征增值税、境外直接投资人民币结算、国有林场改革、物流企业营业税差额纳税、大病保障和救助试点、免费孕前优生健康检查、碳排放和排污权交易
2013	农村土地承包经营权登记、公立医院改革、营业税改征增值税、排污权和碳排放权交易、重大疾病保障

资料来源：作者根据《国务院政府工作报告》(2001—2013)中的相关内容整理而成。

　　同时，需要说明的是，这里所说的政府职能从经济建设向社会管理和公共服务的转变，并非是一种替代的关系，更不意味着未来的试点中将会逐渐剥离出有关于经济改革的内容。事实上，中国政府自进入21世纪以来职能调整的实质在于更为全面地履行其职责，摆脱过去偏重于促进经济建设的思路，在公共服务和社会管理方面"补课"。也即是说，政府的职责配备要突破仅仅围绕经济发展的局限，向更广阔的范围发展，为社会发展提供更强的支持与保障。由此开始，政府将执政路径设定为除了在经济建设上继续发挥一定作用之外，还要在社会领域方面主动有所作为，尤其是为民众提供必要、优质的公共服务。为保持社会、政治的稳定与和谐，保证改革的顺利、深入进行,实现全面小康这一既定战略目标,政府需要在保证经济绩效的同时有效理顺社会关系、化解各种社会矛盾,满足社会不断增长的多方面、多层次需求,因此发展经济和做好公共服务这两项重要职能实际上是需要交织在一起来实现的,当然两者之间的主次关系会有一定的位移。① 未来时期内,试点的内容亦会体现出政府职能的这一"交叠化"特征,试点的实践会更加丰富、全面。

三、方式:从单一到多样

试点的具体内容从简单走向丰富,且在新时期内试点的主题也发生了相应转变,由此试点的方式亦会受此影响,对这些变化做出应有的回应。具体来说,为配合新的试点内容、实现新的试点目标,试点的方式经历了一个由单一到多样的演变过程。

新中国初期阶段的试点,各个方面都较为简略,在具体方式上可以说基本只有试点项目这一种形式,在那时试点与试点项目实际上可以视作同义词。改革之后,为适应日益丰富的试点内容的需要,陆续出现了一些新的试点操作方式。比如,为了在一定区域内集中施行一系列特殊经济政策的试点,成立了以经济特区为代表的各类开发开放区等政策试验场(深圳、珠海、汕头、厦门,1980 年);为提高试点效率、推动单一试点向多种试点叠加联动的方向发展,形成了将若干领域的改革试点归并在一起进行的综合改革试点

① 这里有关于"政府职能转变"的论述,是以朱光磊教授为首席专家的南开大学周恩来政府管理学院相关课题组有关于政府职能转变系列研究项目的共同成果的一部分,作者亦是课题组成员之一。

试　点

(湖北沙市,1981 年);而除了在经济体制改革、城市体制改革方面推出新的试点方式之外,以解决"三农"问题、推进农村改革为指向的专项试验区也在不久之后建立(12 个农村改革试验区,1987 年)。进入 21 世纪之后,为及时适应改革形势和需求,在对改革以来陆续出现的各种试点方式进行重新调整和整合的基础上创设新的试点方式,于是综合配套改革试验区得以出现(上海浦东,2005 年),延续了试点方式的适时更新态势(参见图 1.1)。

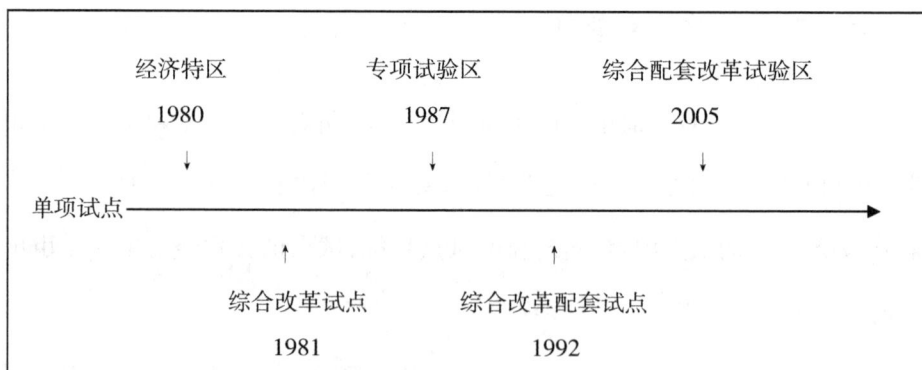

图 1.1　试点方式的演变

资料来源:作者自制

　　试点方式的不断演进和更新,既体现出实践者们运用试点策略推进改革和进行制度创新的能力已经越来越强,同时也反映了试点这一方法论工具对于改革实践的适应性和自身较强的适应力。面对改革实践范围、内容安排的接连变化,试点亦能在操作方式上适时推陈出新,有效地保证试点目标的实现。

四、运作：从经验到规范

在初期的试点实践中，受主客观条件的限制，试点项目的操作者们多是依靠自身所积累的各种经验来开展工作，并通过在试点行进过程中将这些经验传播到新的试点项目所在地、传授于新加入的人员，来保证试点项目的顺利进行和试点方法应用范围的扩大。新中国成立后，出于进一步推动这一方法在治国理政各个领域中的应用，开始逐步对试点的程序、阶段等进行一些粗略和简单的总结，但由于各种政治运动的干扰，这一过程很快就中断了。直至改革开放，试点实现从经验性向规范化进阶的过程才得以系统化地展开。这主要体现在试点的组织机构和操作程序这两个方面。

（一）组织化程度的规范

虽然对于试点方法的应用由来已久，但中国的政治组织体系中一直以来并未有专门负责这一事项的机构。而随着改革之后试点在速度和范围上前所未有的扩展，中央政府很快就意识到加强试点工作组织化程度的重要性，故而自改革开放初期就设立了负责此项任务的相关机构，并不断做出调整和优化（参见图1.2）。

试 点

```
国家进出口管理委员会 → 国务院办公厅特区工作组 → 国务院特区办公室
      1979                    1982                    1984
                                                       ↓
国家经济体制改革委员会→国务院经济体制改革委员会→国务院经济体制改革办公室
    （试点组）              （综合规划和试点司）        （经济特区及开放司）
      1982                    1988                    1998
                                                       ↓
                                              国家发展和改革委员会
                                              （改革试点指导处）
                                                    2003
```

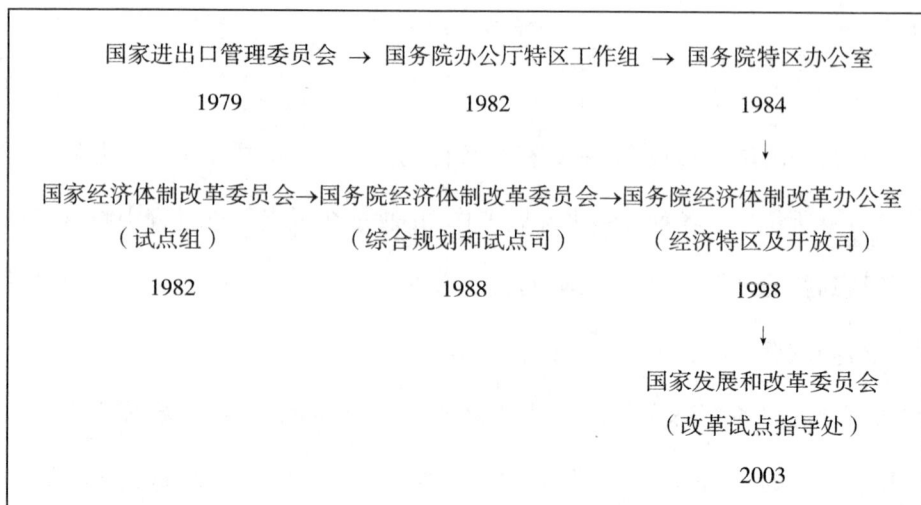

图 1.2　改革开放以来国务院试点主要工作机构的演变

中央政府中早期承担有关于政策试点工作的专门性机构，是为负责经济特区等事务而设置的。这一类机构经历了从国家进出口管理委员会到国务院办公厅特区工作组、国务院特区办公室的变化。

1979 年 8 月 23 日，中共中央、国务院下发《关于进出口管理委员会、外国投资管理委员会的任务和机构的通知》（中发〔1979〕60 号文），决定成立国家进出口管理委员会和国家外国投资管理委员会，具体负责对外开放和试办特区的工作。1982 年 3 月 8 日，五届全国人大常务委员会第二十二次会议决定，国家进出口管理委员会与对外贸易部、对外经济联络部、国家外国投资管理委员会合并，设立对外经济贸易部。有关经济特区事务的相关职责由随后成立的国务院办公厅特区工作组承担。1984 年 7 月 16 日，国务院发出《关于设立国务院特区办公室的通知》，决定设立国务院特区办公室，作为国务院的办事机构。其主要任务是:根据中央和国务院的指示拟订举办经济特区、广东福建两省实行特殊政策与灵活措施、海南岛开发建设和沿海沿江城市进一步开放的有关方针、政策,督促检查执行情况,协调、解决执行中可能出现的矛盾;调查、研究世界各国举办经济开发区、出口加工区等方面的情况和经验;承担中央和国务院有关对外开放工作方面的其他交办事宜。内设机构包括经济特区司、沿边和内陆开放地区司等。① 其前身国务院办公室特区工作组同时撤销。

另外,自改革开放伊始,中央政府中就一直存在着负责一般性政策试点工作的部门,它们经历了从国家经济体制改革委员会、国务院经济体制改革办公室到国家发展和改革委员会的变化。同时,前述负责经济特区的专门性机构也最终归并入其中。

1982 年 5 月 21 日,国家经济体制改革委员会成立,它的一部分职责就包括指导地区、部门、行业、企业进行经济体制改革试点工作,组织和推动改革开放试验区和城市综合改革试点工作。这个委员会的内设机构中还设置有专门的试点组。之后,国家经济体制改革委员会在 1988 年又单独设置了综合规划和试点司,以专门负责对中央各个部门和地方经济改革试点工作进行指导和协调。

1998 年 3 月,国务院经济体制改革办公室成立。国家经济体制改革委员会改为高层次议事机构,不再列入国务院组成部门序列,具体工作由国务院

---

① 参见钟坚主编:《中国经济特区发展报告 2010》,社会科学文献出版社,2010 年,第 492—493 页。

经济体制改革办公室承担。国务院特区办公室并入国务院经济体制改革办公室。1998 年 6 月 9 日,国务院办公厅发出《国务院经济体制改革办公室职能配置内设机构和人员编制规定的通知》(国办发〔1998〕43 号),其中规定将原国家经济体制改革委员会承担的指导和协调地区各类综合配套改革试点工作,下放给地方政府。但涉及开发开放区等试验区的工作仍由国务院经济体制改革办公室承担。该办公室下设经济特区及开放司,其职责包括调查研究经济特区和开放地区提高开放水平,以及中西部地区扩大开放工作中的重大方针政策问题。

2003 年 3 月,国家发展和改革委员会成立,其工作职责就包括有组织指导专项经济体制改革试点和改革试验区工作,这具体由它的内设机构经济体制综合改革司来承担。同时,这一工作还通过该司的内设部门被细分为几个方面:宏观体制处负责指导推进综合性经济体制改革试点,产业与市场体制处负责指导推进专项经济体制改革试点,公共服务体制处负责组织或参与指导推进公共服务体制专项改革试点。除此之外,还沿袭惯例在经济体制综合改革司中设立了一个专门负责改革试点工作的部门——改革试点指导处。这一部门的职责包括:研究经济体制改革推进方式和改革试点、改革试验区规划布局;负责联系改革试点和改革试验区工作;指导改革试验区拟订改革方案,协调解决试验中的重人政策问题;指导规范重点体制改革试验项目的推进实施,督促检查改革试验进展情况;组织评估验收和总结推广改革试验经验;承担交办的其他事项。①

(二)操作程序的规范

除了对试点工作组织化程度进行规范化,改革时期试点方法的另一个重要变化还在于其运作程序的不断完善和制度化。作为一种应用性极强的方法论工具,可以说在具体的程序、步骤等细节方面的规范性对于试点的重要性不言而喻。

如前所述,实践者们曾从早期的试点工作中总结出一些基本的程序和步骤,它们包括如今已广为熟知的抓典型以点带面逐步推广由点到面等。但由于受到当时试点范围狭小、科学化和现代化训练的匮乏以及政治运动冲击等因素的影响,对于试点程序的规范化程度也只进行到了这一层面,并未对这些"大步骤"之下的"小步骤"做进一步的详细分析。进入改革开放之后,这一情况得到了较大改观。不过即使是在试点项目已广泛分布于各改革议程的20世纪80年代,它在实际操作过程中也并未有达到一定规范程度的程序可以遵循,多数试点工作还是依赖于改革者自身的摸索。其原因在于,一般性试点工作程序的制定需经历一个先自下而上后自上而下的过程:先是需要从相当数量的试点项目中总结出普遍性的规律并经过反复加工,其后才能将其用于指导其余的试点工作。随着政策试点项目数量的不断积累,自20世纪90年代开始,在对许多来自于基层试点探索的经验得失进行不断汇总、提炼的基础上,多数改革领域都形成了一批可用于指导试点工作的制度化程序性

---

① 参见《国务院公办厅关于印发国家发展和改革委员会主要职责内设机构和人员编制规定的通知》(国办发〔2008〕102号),2008年7月15日。

规定。

例如,在 1994 年"建立现代企业制度试点"的工作中,当时的国家体制改革委员会生产司为了推动这一工作的顺利进行,专门编制了一本有关如何制定具体试点方案的手册,用以指导和促进试点单位开展相关工作。该手册首先通过详细梳理试点的核心内容"现代企业制度",以及逐项剖析国务院出台的总体试点方案的特点、难点和重点来进行理论解答,接着再通过收录各地方、各企业试点方案的范本来进行实践示范,使其他试点单位能够从中有所借鉴和启迪。这一手册的突出特点还在于,它通过长期追踪、观察各个试点企业的试点操作实践并不断归纳,最终总结制定出了开展这一试点工作的一个详细程序,并将其用于指导下一阶段试点企业的相关工作。这一有效方法使得政策试点运作的规范化程度和效率得到了大大提升。

一、试点工作的组织领导与阶段划分

1. 试点工作的组织领导体系

(1)试点工作在国务院统一领导下进行。30 家试点企业实施国务院批准的统一的试点方案,执行统一的试点政策和试点办法。

(2)30 家试点企业的具体试点工作,由当地政府或中央企业隶属部门负责领导和组织实施;国家体改委负责联系指导,试点的经常性工作由国家体改委生产体制司具体负责。为了及时掌握试点进度,省市政府和国务院有关部委负责此项工作的部门应与国家体改委生产司保持经常联系。

(3)30 家试点企业要建立试点办公室,指定一名经理(厂长)具体负责,并设一名联络员,负责与省市政府及国家体改委生产司互通情况,把握进度,及时解决有关问题。

2.试点工作的阶段划分

进行试点的 30 家国有企业,以国务院召开现代企业制度工作会议为起点,大约用两年左右时间,分三个阶段实施和运作。

第一,工作准备阶段(1994 年 11 月—1995 年 6 月)

第二,《方案》实施阶段(1995 年 6 月—1996 年 12 月)

第三,总结完善阶段(1996 年 12 月—1997 年 1 月)

二、具体操作程序

(一)试点工作准备 (二)方案实施 (三)工作总结[1]

——"国家体改委关于现代企业制度试点企业的工作程序"

1994 年 12 月 22 日

试点历经不同历史阶段,其在多个方面已发生显著改变,但这一方法论工具所具有的探索性、创新性、科学性等效应却始终得以保持,能够不断地有效服务于改革实践和制度创新。正如裴宜理(Elizabeth J. Perry)所言,中国革命传统中的某些因素实际上推动了市场经济改革令人瞩目的成功。[2] 尽管试

---

[1]　国家体改委生产司编:《如何制定现代企业制度试点方案》,改革出版社,1995 年,第 25—31 页。

[2]　See Elizabeth J. Perry. "Studying Chinese Politics: Farewell to Revolution?" *The China Journal*, No. 57, January 2007.

试　点

点方法论诞生于特殊的革命年代,但经过长期实践的磨炼和证明,它已得到广泛认可,能够得以作为一项优良的传统和成功的经验而被广泛运用于国家的现代化进程中。作为在中国政策过程尤其是中国改革开放进程中出现频率最高的词汇之一,试点使得中国的制度转轨在保持稳定性的同时又不失其开拓性,这是名副其实的中国经验,亦是从中微观角度来认知转型中国的重要研究标识。

第二章　试点的基本类型

　　试点发展至今天,其相关要素、主要特征已基本确定下来,并形成了相对稳定的发展框架。但相关研究却未及时跟进,对试点的各种特质适时进行总结和分析。比如在一些关键词的内涵和外延方面,至今还缺乏比较规范的界定和解释,而这正是试验工作的实际参与者、希望了解试验工作过程的研究者所迫切需要的。正是基于此,在对试点的运转过程展开动态性的解读之前,为使分析脉络更为清晰,这里先从相对静态的意义上入手,就试点在治理实践中的现实存在状况,也即它的基本类型作一个初步的梳理,以此来为进一步的研究工作确立必要的现实基础。同时,从研究和思考的逻辑来看,只有先对试点的现时整体轮廓有一个较为全面和深刻的认识,勾勒出试点在当前中国治理实践中的现实活动图谱,才可能更为准确和深入地把握其所涉及的一系列过程性和功能性问题。

试　点

第一节　试点项目

试点项目,是侧重于时间维度的一种试点类型。作为中国治理实践中最为典型和普遍的一种政策试点方式,试点项目,是指在一定时间段和一定范围内所进行的一种局部性政策探索、测试和示范活动。作为在中国政策过程乃至中国改革开放进程中出现频率最高的词汇之一,试点项目几乎代表着所有试点,是所有政策试点类型中被运用得最为频繁的一种形式。在中国各个层级、各个地区的政府部门与企事业单位分布着大量各式各样的政策试点项目,试点项目的实施过程及其衍生词汇亦构成了试点中绝大多数的操作术语。中国政策过程中作为惯例而存在的"先行先试→典型示范→以点促面→逐步推广"这一经典模式主要就是针对试点项目而言的,它已经基本成为中国绝大多数的新政策在得到正式而全面地实施之前所必须要经历的固定程式。

虽然试点有着较高的知名度,但目前对试点项目的认知仍较为笼统,尤其是未见有对种类繁多、数量庞杂的各种试点项目进行更为细致的分类性研究,由此导致许多围绕试点的研讨实则是"文不对题"。笔者在这里以试点项目的不同目标定位为划分标准,尝试将当前的各种试点项目归为三类:探索型试点、测试型试点和示范型试点。

从目标导向及开展形式上看,现实中的各种试点项目基本都是沿着以下三条路径进行的:一是通过直接赋予某些"点"以先行先试的政策探索权限,使其能充分地探索和创设新政策和新制度;二是把某项新政策布置在一些选取出来的"点"先行实施,根据在这些"点"所获得的各种反馈和经验进行进一步的完善,然后才由点到面,以全局性正式制度的形式加以推广;三是选择部分"点",按照一个较高的标准实施某项新制度、新政策,为政策实施单位提供可供参考和学习的对象,使整个政策执行工作朝着预定的方向进行。

当然,实际进行中的各个试点项目在既定目标上可能不会如此"单一"和"纯粹",能够完全按照以上划分类别与之一一对应。特别是历时较长的改革试点,多数常常会从一种类型转变为另一种类型,一个"点"也可能同时承担两种甚至两种以上的试验性任务。但作为相对静态意义上对试点项目的一种类型学解析,前述三种类型基本上能够反映出当前各种试点项目之间的差异和联系。

一、探索型试点

探索型试点,是指在某一新的开拓性改革领域内,为从改革实践中探索得出较为可行的全新政策方案设计而开展的试点工作。通过赋予试点单位相应的权限并要求其制定出新制度、新政策,是这一类试点进行的基本形式和目标。一般而言,在某项改革的初始阶段所进行的试点大多属于这一类型,比如改革开放初期的各种改革试点基本都是探索型试点。由于是进入新的改革领域,出于稳妥的考虑,探索型试点中选择的试点单位,即所布置的"点"的数量一般较少,有时甚至只有一个。在这一类型的试点中,试点单位可以获得开展试验的权限、政策支持等,但试点的具体内容、路径和操作方法等细节都需要自己来独自摸索。

试　点

　　探索型试点是试点所有类型中的最主要代表,可以说试点从诞生伊始就是以探索型试点的形式出现的,它很好地诠释了这一方法论工具的精神实质。无论是革命年代土地改革的反复尝试,还是改革开放进程启动后一系列政策领域的突破性进展,都是在缺乏理论和经验准备的情况下开始的。因此,这些改革试点难以依照某种事先设计好的目标、方法、内容、路径等推进。在这一情况下,只能通过试点单位在改革试验活动中进行不断的实践和总结,为决策者提供初步的观察和借鉴。

　　以创制新制度、新政策为目标的探索型试点,在启动之初只存在原则性、框架性的改革方向,然后由试点单位根据自身状况出台更为具体的操作方案并将其付诸实践。这也成为判断某一改革试点是否属于这一类型的重要标尺。以2011年启动的房产税改革试点为例,在当年1月,国务院常务会议同意在部分城市进行对个人住房征收房产税改革试点,并明确指出:"具体征收办法由试点省(自治区、直辖市)人民政府从实际出发制定"①。对于试点单位而言,其被赋予了征收房产税的权限,而具体的征收方案需要自己摸索,以为全局性的改革提供参考。在财政部、国家税务总局、住房和城乡建设部对于房产税改革试点的解答,也充分说明了这次试点的目标和形式。

　　问:为什么要在部分城市进行对个人住房征收房产税改革试点?

　　答:鉴于历史原因和现实情况,我国目前对个人住房普遍征税的条

---

　　① "国务院同意部分城市进行对个人住房征收房产税改革试点",新华社北京2011年1月27日电。

件尚不成熟。对个人住房征税需要在制度设计和管理机制等方面进行充分研究论证并在实践中逐步探索。为不断积累经验,积极稳妥地推进房产税改革,有必要在部分城市进行对个人住房征收房产税改革试点。

问:房产税改革下一步有何打算?

答:试点开始后,财政部、国家税务总局、住房和城乡建设部将总结试点经验,适时研究提出逐步在全国推开的改革方案。条件成熟时,在统筹考虑对基本需求居住面积免税等因素的基础上,在全国范围内对个人拥有的住房征收房产税。

——"财政部、国家税务总局、住房和城乡建设部有关负责人就房产税改革试点答记者问"

新华社北京 2011 年 1 月 27 日电

在这之后,作为试点城市的重庆、上海分别出台了本市的房产税改革试点方案。通过对比不难发现,两种方案之间的区别是显而易见的(参见表2.1)。可以预见的是,未来正式制度的出台将会以这两个方案为发端,在综合吸收其做法、经验的基础上构建而成。这些都符合探索型试点的基本特征,即作为开创性的改革试点,通过实践探索并初步推出基于试点单位实践的政策草图,将其应用实施并适时调整,以为改革的进一步深入和全面推行做最好的基础性准备。

试 点

表2.1 重庆上海两市房产税改革试点方案对比

试点城市	重庆	上海
试点范围	9个主城区内	全市范围内
征收对象	1. 个人拥有的独栋商品住宅 2. 个人新购的高档住房(即建筑面积交易单价达到上两年主城九区新建商品住房成交建筑面积均价2倍(含2倍)以上的住房) 3. 在本市同时无户籍、无企业、无工作的个人新购的第二套(含第二套)以上的普通住房	1. 本市居民家庭在本市新购且属于该居民家庭第二套及以上的住房(包括新购的二手存量住房和新建商品住房) 2. 非本市居民家庭在本市新购的住房
适用税率	1. 独栋商品住宅和高档住房建筑面积交易单价在上两年主城九区新建商品住房成交建筑面积均价3倍以下的住房,税率为0.5%;3倍(含3倍)至4倍的,税率为1%;4倍(含4倍)以上的税率为1.2% 2. 在本市同时无户籍、无企业、无工作的个人新购第二套(含第二套)以上的普通住房,税率为0.5%	1. 适用税率暂定为0.6% 2. 应税住房每平方米市场交易价格低于本市上年度新建商品住房平均销售价格2倍(含2倍)的,税率暂减为0.4%
计税依据	应税住房的计税价值为房产交易价。条件成熟时,以房产评估值作为计税依据。	1. 计税依据为参照应税住房的房地产市场价格确定的评估值,评估值按规定周期进行重估 2. 试点初期,暂以应税住房的市场交易价格作为计税依据 3. 房产税暂按应税住房市场交易价格的70%计算缴纳

资料来源:《重庆市人民政府关于进行对部分个人住房征收房产税改革试点的暂行办

法和重庆市个人住房房产税征收管理实施细则》（重庆市人民政府令第 247 号）、《上海市人民政府关于印发〈上海市开展对部分个人住房征收房产税试点的暂行办法〉的通知》（沪府发〔2011〕3 号）。

二、测试型试点

测试型试点，是指在全面推行某项制度之前，为进一步调整、完善该政策方案，而将其先行放置于个别地区或部门实施、观察制度实际运行效果的一种试点类型。测试型试点一般多出现于较为成熟的改革领域或某项改革的中后期阶段。从时间分布上看，这一类型中的大部分都出现于 2000 年之后。通常的情况是，当已经制定出较为正式的政策方案时，在全面推行之前出于稳妥的考虑，通过局部试点的形式观察该项政策的"试运行"情况，并根据来自试点单位的反馈做出相应的调试和修正。

测试型试点的出现和发展是政策试点方法乃至中国的改革开放进程逐步迈向成熟阶段的反映。与探索型试点不同的是，测试型试点是在具有较为充分的理论和实践准备这一状态下开始的，特别是在政策方案上已经有了一个初步的设计。所用于进行测试的制度文本，或来自改革倡导者的预先设计，或来自对具体改革实践的经验总结。因此，测试型试点有时也构成位于探索型试点之后的后续改革试点阶段。

存在着较为正式的政策文本是开展测试型试点的基本条件和出发点，这自然也就成为判断某一项改革试点是否属于该类型的重要标准。以中央政府启动的各类测试型试点为例，在试点开始之初，国务院及其各部委通常会

试　点

以发布"指导意见""试点方案"的形式,将其作为相关地方或部门开展试验工作的测试对象(参见表2.2)。这些试点单位的任务就是负责落实"指导意见""试点方案"中的具体内容,并适时向试点推动方报告工作进展。

表2.2　2000—2012年间中央政府公布的部分试点方案

名称	编号
《国务院关于印发完善城镇社会保障体系试点方案的通知》	国发〔2000〕42号
《国务院关于进一步做好农村税费改革试点工作的通知》	国发〔2001〕5号
《国务院办公厅转发中央编办关于清理整顿行政执法队伍实行综合行政执法试点工作意见的通知》	国办发〔2002〕56号
《国务院关于印发深化农村信用社改革试点方案的通知》	国发〔2003〕15号
《国务院办公厅转发卫生部等部门关于进一步做好新型农村合作医疗试点工作指导意见的通知》	国办发〔2004〕3号
《国务院办公厅转发民政部等部门关于建立城市医疗救助制度试点工作意见的通知》	国办发〔2005〕10号
《国务院关于同意深化煤炭资源有偿使用制度改革试点实施方案的批复》	国函〔2006〕102号
《国务院关于开展城镇居民基本医疗保险试点的指导意见》	国发〔2007〕20号
《国务院办公厅关于将大学生纳入城镇居民基本医疗保险试点范围的指导意见》	国办发〔2008〕119号
《国务院关于开展新型农村社会养老保险试点的指导意见》	国发〔2009〕32号
《关于印发公立医院改革试点指导意见的通知》	卫医管发〔2010〕20号
《国务院关于开展城镇居民社会养老保险试点的指导意见》	国发〔2011〕18号
《国务院办公厅印发关于县级公立医院综合改革试点意见的通知》	国办发〔2012〕33号

资料来源:《中华人民共和国国务院公报》(2000—2012)、中央人民政府网站。

与房产税改革试点几乎相隔整一年进行的营业税改增值税试点,更加充分地说明了测试型试点在试点目标、实施路径、操作形式等方面的基本特征及其与探索型试点的区别。

2011 年 10 月 26 日,国务院常务会议决定,从 2012 年 1 月 1 日起,在部分地区和行业开展深化增值税制度改革试点,逐步将目前征收营业税的行业改为征收增值税。同时,会议决定先在上海市交通运输业和部分现代服务业开展试点,条件成熟时可选择部分行业在全国范围进行试点。[①] 在这一年的 11 月 17 日,财政部、国家税务总局正式对外公布了《营业税改征增值税试点方案》(财税〔2011〕110 号)。[②] 这一方案对改革试点的税率、计税方式、计税依据等主要税制安排,以及税收收入归属、税收优惠政策过渡、跨地区税种协调、增值税抵扣政策的衔接等改革试点期间需要涉及的过渡性政策安排都作了详细的规定。此外,财政部、国家税务总局为进一步配合改革试点的顺利实施,还同时公布了《交通运输业和部分现代服务业营业税改征增值税试点实施办法》《交通运输业和部分现代服务业营业税改征增值税试点有关事项的规定》,以及《交通运输业和部分现代服务业营业税改征增值税试点过渡政策的规定》。应该说,上述几项"试点方案""实施办法"较为明确、完善地指出了试验工作的内容范围,试点单位的任务便是以此为依据开展测试性工作。

　　财政部和国家税务总局为这次试点印发了一个办法和两个规定,请

---

①　"国务院常务会议决定开展深化增值税制度改革试点",新华社北京 2011 年 10 月 26 日电。
②　"营业税改征增值税试点方案公布",新华社北京 2011 年 11 月 17 日电。

试　点

问其主要内容是什么?

答:为了贯彻落实国务院关于先在上海市交通运输业和部分现代服务业开展改革试点的决定,根据经国务院同意的《营业税改征增值税试点方案》,财政部和国家税务总局印发了《交通运输业和部分现代服务业营业税改征增值税试点实施办法》、《交通运输业和部分现代服务业营业税改征增值税试点有关事项的规定》和《交通运输业和部分现代服务业营业税改征增值税试点过渡政策的规定》等文件,自 2012 年 1 月 1 日起施行。

试点实施办法明确了对交通运输业和部分现代服务业征收增值税的基本规定,包括纳税人、应税服务、税率、应纳税额、纳税时间和地点等各项税制要素。

试点有关事项的规定是对试点实施办法的补充,主要是明确试点地区与非试点地区、试点纳税人与非试点纳税人、试点行业与非试点行业适用税种的协调和政策衔接问题。

试点过渡政策的规定主要是明确试点纳税人改征增值税后,原营业税优惠政策的过渡办法和解决个别行业税负可能增加的政策措施。

——"财政部国家税务总局负责人就营业税改征增值税试点答记者问"

新华社北京 2011 年 11 月 17 日电

三、示范型试点

示范型试点,是指为推动某项新制度、新政策的实施,选择部分地方或部门按照较高的标准率先执行这些新政策、实现既定政策目标,以对新政策的实施方法、现实成效,尤其是积极意义上的效果进行具体的展示。开展示范型试点的出发点和目的,是在于通过对新制度、新政策进行现实示范,为政策实施单位提供可供参考和学习的对象,打消个别部门在执行过程中有可能遇到的问题和疑惑。

从逻辑顺序上看,相较于摸索并制订新的政策方案的探索型试点、执行并调试现成政策方案的测试型试点,示范型试点则是更进一步,主要是为宣传、展示新的政策方案。因此,就进行时间而言,示范型试点肯定位于前两者之后,它构成了一项政策试点工作的最后阶段。推动试点单位成为执行新政策的典型和样板,尤其是显现出新政策所带来的各种积极效应,是示范型试点进行的基本形式和目标。试点倡导者也是希望通过这一方式,能够提升新政策实施的质量和效率,带动和引导整个政策执行工作朝着预定的方向进行。

重庆近年来以 20 个重点区域为示范点全面推动统筹城乡改革,在建设用地增减挂钩置换、农村土地流转和整治、农民组织化等方面取得初步成效。

自去年 6 月开始,重庆市政府选择石柱县黄水镇、垫江县高安镇、江北区五宝镇等 20 个镇为集中示范点,围绕城市资源下乡、现代农业产业

试 点

化改革、农民专业合作社改革、农民集中居住改革、乡村规划改革、农村
集体土地股权化改造、农村资金互助改革、乡村环境综合整治改革、农民
创业改革、公共服务标准化改革等 10 大改革领域，打造统筹城乡发展的
改革示范窗口，通过重点区域先试先行、以点带面促进重庆统筹城乡改
革全面突破。

——"重庆以重点区域示范推动统筹城乡改革成效初显"

新华社重庆 2011 年 6 月 30 日电

示范型试点多被用于一些技术性较强、有一定复杂性的新领域，因其内
在特性，需要有部分地方或部门先行实施并展示效果，试点的启动一般以示
范项目建设、示范工程建设、示范体系建设的形式出现。由于是示范，试点单
位需起到榜样和发挥先进的作用，因此对其在执行新政策过程中的标准和要
求自然就会比较高，有时候甚至可以说是"只许成功、不许失败"。同时，为了
配合试点的进行，还会有一些与试点目标挂钩的配套性奖惩措施。

开始于 2005 年 10 月的循环经济试点工作，是近年来较为典型的一个示
范型试点。该试点由国家发展和改革委员会、国家环境保护总局、科学技术
部、财政部、商务部、国家统计局在 2005 年共同启动进行，并在 2005 年和 2007
年先后布置了两批试点单位。试点的目标很明确，即树立一批循环经济的典
型企业、形成一批循环经济产业示范园区、形成若干发展循环经济的示范城
市。相应的，也为这些试点单位制订了更高的任务要求及完成标准，并形成
了详细的表彰和惩罚办法。

开展循环经济试点工作的总体目标是:在钢铁、有色、化工、建材等重点行业探索循环经济发展模式,树立一批循环经济的典型企业;在重点领域完善再生资源回收利用体系,建立资源循环利用机制;在开发区和产业园区试点,提出按循环经济模式规划、建设、改造产业园区的思路,形成一批循环经济产业示范园区;探索城市发展循环经济的思路,形成若干发展循环经济的示范城市。

——《关于组织开展循环经济试点(第一批)工作的通知》(发改环资〔2005〕2199号),2005年10月27日

在钢铁、有色、化工、建材等重点行业已初步形成了一批企业循环经济的先进典型;在再生金属利用等重点领域初步探索形成了资源循环利用体系;在试点园区探索了重化工产业集聚区和产业园区循环经济发展模式;各试点省市逐步健全了推进循环经济发展的工作机制。在国家循环经济试点工作引导下,全国大部分省市也开展了不同层面的循环经济试点工作,探索不同类型、不同层次的循环经济实践形式,从整体上带动和推进了全国循环经济发展。

——《关于组织开展循环经济示范试点(第二批)工作的通知》(发改环资〔2007〕3420号),2007年12月13日

国家循环经济试点省、市(区)要率先完成"十一五"节能减排目标,鼓励超额完成;有节能减排目标任务的国家循环经济试点企业、园区也

试　点

要超额完成;没有责任目标的,也要开展自身节能减排指标与国内乃至国际上同行业的对比分析,查找不足,采取措施,为完成"十一五"节能减排目标作出积极贡献。

国家发展改革委将适时开展中期评估和总结验收,对不按照循环经济试点实施方案开展工作,完不成国家、当地政府下达节能减排指标的国家循环经济试点省、市和园区、企业,取消试点资格,予以通报,并适当削减"十二五"期间"资源节约和环境保护"中央预算内投资项目安排。对节能减排、发展循环经济成效显著的试点单位予以表彰,并优先支持相关项目[①]。

——《国家发展改革委关于发挥试点示范作用为实现"十一五"节能减排目标作贡献的通知》(发改环资〔2010〕1158号),2010年5月28日

这里需要指出的是,由于是要求按照超出平均水平的标准和指标来完成试点任务,以能够起到示范和标杆效应,因此在示范型试点的实施过程中,常常会给予试点单位一些优惠条件、特殊条件以帮助其达成目标。与探索型试点、测试型试点一贯强调的避免附加条件以保证试验的真实性这一准则不同,在示范型试点中外来资源的投入已成为常态。考虑到打造典型和样板的成本一般较高,以及示范型试点在功能方面有其一定的特殊性,对这一做法

---

① 《国家发展改革委关于发挥试点示范作用为实现"十一五"节能减排目标作贡献的通知》(发改环资〔2010〕1158号),2010年5月28日。

可以理解。不过对试点单位的倾斜程度也要适当,否则会导致试点走样、模范走形,反而偏离了试点工作的初衷。

第二节 试验区

试验区是侧重于空间维度的一种试点类型,是一系列政策试点项目在一定区域内的集合和组合。具体而言,试验区是指为承担某一系列或某一领域内的多个试点任务而选定的一个地域性区划单位,其外在形式体现为各种主题的综合性试验区、专门性试验区以及部分特区、新区、开发开放区、示范区、合作区等。

之所以要把试验区单独从试点中析出,将其作为与试点项目相并列的一种试点类型。主要是由于:首先,虽然试点项目也是在一定范围内进行的,但这一范围更为抽象,既可以指某一地域,也可以指某一特定的领域、单位、部门范围内,而试验区则是指地理意义上的区域。其次,与试点项目不同的是,虽然试验区同样担负着对某一项或某一领域的政策方案进行测试的任务,但其更为主要的目标还是侧重于在本区域内广泛地进行政策和制度创新,以新政策和新制度的"内生成"为首要目标。正如劳福顿(Barry Naughton)所指出的:"中国的各种试验区担任着在现有体制之外或在现有体制之间建立新制度和对新事物进行尝试的任务。"[1]地域性和创制性是试验区最为显著的两大

---

① Barry Naughton. *The Chinese Economy: Transitions and Growth*. Cambridge, Mass.: MIT Press, 2007, pp. 406—408.

特征,通过充分运用其所被赋予的可以在特定区域内进行先行先试的政策试点权限,试验区能够源源不断地进行着政策探索和创新。

　　试验区是中国政府用于开展较大规模的政策试验活动的空间承载区域,改革开放以来几乎每一轮较为重大的制度调整都是以建立一批新的试验区为标志。虽然试验区在中国治理议程中的活动频率如此之高,但到目前,学术界还鲜有对数量众多、种类繁杂的试验区进行分类的相关研究。由于天然的地域性特征,在试验区内进行的试验活动具有显著的综合性、复杂性特点,一般而言试验的规模较大、周期较长,通常会同时承担创新、测试、示范等多重任务。另外,试验区还要经常性地接受上级临时赋予的其他"附加"政策试点工作。"经济特区本来就具有改革'试验田'的功能和使命,理所当然地承担着国家改革创新综合试点工作。"[①]因此,相对于试验目标相对分化的试点项目,以功能为划分标准的分类方法并不能同样适用于此。这就需要找到新的依据来对试验区进行分门别类。

　　就可见的资料而言,国家发改委曾于 2010 年对与其业务相关的综合配套类试验区进行过划分,具体包括 4 个层面:国家级综合配套改革试验区、国家重大专项改革试验区、国家发改委改革工作联系点、各地自主开展的省级综合配套改革试验区。[②] 由于这一划分是发改委从履行自身职能的视角做出的,当然不能将中国所有的试验区纳入其中。但作为目前可查到的官方对试

---

　　① "顺应新形势办出新特色 继续发挥经济特区作用",《人民日报》,2005 年 9 月 20 日。
　　② "综改试验区 5 年路线图:尚未结束的中国式放权之路",《21 世纪经济报道》,2010 年 8 月 16 日。

验区的第一次公开划分,本书将其认定为一个重要参照系。从现实情况来看,目前全国各式各样的改革试验区的分布和运行状态基本上大体就是如此。

笔者以上述国家发改委的划分方式为参考,通过结合试验区建设主体及建设方式的差异,尝试着对试验区进行纵向上的分类,以最大程度地避免分类后仍存在交集的现象。依照这一方法,本书认为目前全国各类试验区可以归纳为 4 个层面,即国家综合配套改革试验区、部省共建试验区、国务院部委指导建设的试验区、地方自建试验区。

一、国家综合配套改革试验区

(一)基本概况

在全国所有试验区中,"国家综合配套改革试验区"的实际地位和受关注度无疑都是最高的。它的规划成立、建设方案等重要事项都需报请国务院批准,具体工作直接对口国家发改委,试验的内容范围也最为宽泛。虽然许多部省共建、国务院部委指导建设的试验区都被冠以"国家"和"全国"的前缀,但真正达到全局性、战略性高度的试验区通常还是指"国家综合配套改革试验区",各个地方对于申请这一试验项目的积极性也最高。实际上,后文提及的三类试验区在很多方面都在学习或者说模仿国家综合配套改革试验区的实施方式。

国家综合配套改革试验区于 2005 年开始建立,目前数量已达到 10 个。2005 年 6 月 21 日,国务院第 96 次常务会议批准上海浦东新区进行社会主义市场经济综合配套改革试验,由此揭开了国家综合配套改革试验区建设的序幕。截至 2011 年末,国务院已经批准了上海浦东新区综合配套改革试验区(2005)、天津滨海新区综合配套改革试验区(2006)、重庆市全国统筹城乡综合配套改革试验区(2007)、成都市全国统筹城乡综合配套改革试验区(2007)、武汉城市圈全国资源节约型和环境友好型社会建设综合配套改革试验区(2007)、长株潭城市群全国资源节约型和环境友好型社会建设综合配套改革试验区(2007)、深圳市综合配套改革试验区(2009)、沈阳经济区国家新型工业化综合配套改革试验区(2010)、山西省国家资源型经济转型综合配套改革试验区(2010)和厦门市深化两岸交流合作综合配套改革试验区(2011)等 10 个国家级综合配套改革试验区。至此,中国已形成东(上海浦东与福建厦门)、中(湖北武汉与湖南长株潭)、西(重庆与成都)、南(深圳)、北(天津、辽宁沈阳与山西)分布合理且兼顾相应试验内容的综合配套改革试验版图(参见表2.3)。

表2.3　国家综合配套改革试验区任务概览

上海浦东新区综合配套改革试验区
着力转变政府职能、深化行政管理体制改革;着力转变经济运行方式,深化金融、科技和涉外经济体制改革;着力改变城乡二元经济与社会结构,深化城乡二元制度改革
天津滨海新区综合配套改革试验区
企业改革、科技体制改革、涉外经济体制改革、金融改革创新、土地管理制度改革、城乡规划管理体制改革、农村体制改革、社会领域改革、资源节约和环境保护等管理制度改革、行政管理体制改革

续表

重庆市全国统筹城乡综合配套改革试验区
形成市域主体功能区布局、构建城乡统筹公共财政框架、建立城乡经济互动发展机制、构建统筹城乡行政管理体系、健全城乡就业创业培训机制、建立城乡社会保障体系、均衡城乡基本公共服务、深化户籍制度改革、加强农民工服务与管理、促进农村土地规模化集约化经营、建立新型土地利用和耕地占补平衡制度、统筹城乡生态建设和环境保护、完善农村综合服务体系、建立高效的"三农"投入机制、改善市场经济环境、内陆开放型经济发展模式
成都市全国统筹城乡综合配套改革试验区
三次产业互动发展机制、新型城乡形态、统筹城乡管理体制、探索耕地保护和土地节约集约利用新机制、探索农民向城镇转移的办法和途径、健全城乡金融服务体系、健全城乡一体的就业和社会保障体系、城乡基本公共服务均等化、城乡生态文明建设体制机制
武汉城市圈全国资源节约型和环境友好型社会建设综合配套改革试验区
资源节约、环境保护、科技、产业结构优化升级、统筹城乡发展、节约集约用地、财税金融、对内对外开放、行政管理及运行等方面的体制机制创新
长株潭城市群全国资源节约型和环境友好型社会建设综合配套改革试验区
资源节约、生态环境保护、产业结构优化升级、科技和人才管理、土地管理、投融资、对外经济、财税、城乡统筹、行政管理等方面的体制机制创新
深圳市综合配套改革试验区
行政管理体制改革、经济体制改革、社会领域改革、完善自主创新体制机制、创新对外开放和区域合作的体制机制、建立资源节约环境友好的体制机制
沈阳经济区国家新型工业化综合配套改革试验区
现代产业体系建设、促进各类市场主体发展、科技引领、资源节约和环境保护、人力资源优势发挥、统筹城乡发展、基本公共服务均等化、财税金融、行政管理、对外开放等方面的体制机制创新

试 点

续表

山西省国家资源型经济转型综合配套改革试验区
调整优化产业结构、技术创新、建立健全资源要素价格形成机制和要素市场体系、推进资源节约型环境友好型社会建设、构建城乡统筹发展机制

厦门市深化两岸交流合作综合配套改革试验
创新两岸产业合作发展的体制机制、创新两岸贸易合作的体制机制、建设两岸区域性金融服务中心、创新两岸文化交流合作的体制机制、创新便利两岸直接往来的体制机制、推进社会领域改革先行先试、创新城乡统筹发展的体制机制、厦漳泉大都市区同城化、深化行政管理体制改革、创新全面开放的体制机制

　　资料来源："温家宝主持国务院常务会议批准上海浦东新区进行综合配套改革试点"（新华社北京 2005 年 6 月 22 日电），《关于印发天津滨海新区综合配套改革试验总体方案的通知》（津政发〔2008〕30 号），《重庆市人民政府关于印发重庆市统筹城乡综合配套改革试验总体方案的通知》（渝府发〔2009〕68 号），《国务院关于成都市统筹城乡综合配套改革试验总体方案的批复》（国函〔2009〕55 号），《湖北省人民政府关于印发武汉城市圈资源节约型和环境友好型社会建设综合配套改革试验总体方案的通知》（鄂政发（〔2008〕58 号），《湖南省人民政府关于印发长株潭城市群资源节约型和环境友好型社会建设综合配套改革试验总体方案的通知》（湘政发〔2009〕4 号），《国家发展改革委关于印发〈深圳市综合配套改革总体方案〉的通知》（发改经体〔2009〕1263 号），《国务院关于沈阳经济区新型工业化综合配套改革试验总体方案的批复》（国函〔2011〕102 号），《国家发展改革委关于设立山西省国家资源型经济转型综合配套改革试验区的通知》（发改经体〔 2010 〕 2836 号），《国务院关于厦门市深化两岸交流合作综合配套改革试验总体方案的批复》（国函〔2011〕157 号）。

　　与过去的改革试验相比，综合配套改革试验区具有 4 个方面的鲜明特征[①]：一是不再依靠优惠政策的支持，而是要坚持围绕破除阻碍科学发展的体制机制障碍先行先试；二是不再完全摸着石头过河，而是有一个改革的方向

---

① 　参见"我国基本形成东中西部互动综合配套改革试点格局"，新华社上海 2010 年 6 月 21 日电。

和切实可行的操作方案；三是更加注重统筹兼顾和以人为本地推进各项改革进程；四是充分发挥地方的创造性优势，通过完善地方与中央的协调机制实现上下联动，保证改革阶段性成果与改革的总体方向相一致。

各个国家综合配套改革试验区的具体工作，主要由国家发改委来负责进行指导、协调，以及评估和监督。在地方层面，综合配套改革试验区所在地也都成立了由行政首长担任负责人的领导小组、领导协调会议或者联系会议制度等，日常工作一般由地方发改委承担。目前，多个地方都在以国家综合配套改革试验区为模仿对象，来建设地方性的综合类试验区，并为申请成为国家级的综合配套改革试验区积极做准备。一般而言，地方政府所建设的带有"综合配套"或"综合"名称的试验区都是当地最为重视、投入资源最多的试验区，其具体工作通常都是由当地发改委来直接负责。这也成为判断一个试验区重要性程度、实际定位的一个较为简便的方法。

（二）试验进展

自 2005 年上海浦东新区获准进行综合配套改革试验，标志着第一个国家级综合配套改革试验区开始运作以来，不少地方一直在向国务院或国家发展改革委踊跃提出开展综合配套改革试点的申请。由于各地对这一新的试验方式普遍所存在着的"政策红利"预期，以及对成为试验区后所可能增加的权限有着较高的期待，因此地方层面对申请国家级综合配套改革试验区的积极性一直都比较高。根据公开资料显示：截至 2007 年底，全国共有 18 个省区市提出申报 21 个新的综合配套改革试验区。从时间分布来看，2005 年申报 4 个、2006 年申报 6 个、2007 年申报 11 个；从区间分布来来看，东部地区申报 11

个、中部地区申报 6 个、西部地区申报 4 个。[①] 根据作者的不完全统计，曾经或正在提出申报国家综合配套改革试验区的地区包括杭州、台州、合肥、广西北部湾、沈北新区（沈阳）、大连、宁波、广州开发区、苏州工业园区、郑州郑东新区、新疆乌昌行政区（乌鲁木齐、昌吉）、内蒙古呼包区（呼和浩特、包头）、哈大齐工业走廊区（哈尔滨、大连、齐齐哈尔）、河北曹妃甸（唐山）等。

　　针对这一情况，国家发改委内部曾于 2007 年底定下调子——未来两三年内原则上不再批准新的国家级试验区。[②] 这是国家发改委第一次表态不再审批新的综合配套改革项目。但由于此前很多申报项目已经留下了"尾巴"，因此不久之后少数试验区申请仍得到了批准。例如沈阳、山西、厦门等 3 个新晋综改试验区就是在 2010 年 4 月至 2011 年 12 月之间获批的。这也在一定程度上成为其他地方继续申请的动力。2011 年 7 月 5 日，国家发改委召开综合配套改革试验的通气新闻会，发改委体改司副司长徐善长再一次表态：除非遇到特殊情况，在目前 10 个试验区创造出好的做法经验之前，不会再批建新的试验区。[③] 不过参照之前所出现的情况，近期内仍然存在少数申报项目会得到批准的可能性。

二、部省共建试验区

　　部省共建试验区，是指国务院各部委与各省（自治区、直辖市）政府通过

---

　　① 参见孔泾源："国家综改试验区：东中西互动格局初成"，《瞭望》，2008 年第 10 期。
　　② 参见"综改试验区 5 年路线图：尚未结束的中国式放权之路"，《21 世纪经济报道》，2010 年 8 月 16 日。
　　③ 参见"综改试验区审批闸门收紧 地方项目变脸"，《21 世纪经济报道》，2011 年 7 月 5 日。

签署合作协议的方式、共同建设的试验区。这一类试验区有一个特定的试验主题,该主题所涉及的内容是共建合作方都迫切需要的,试验以"条块合作"的形式进行。为达成"共建"试验区的目的,合作双方或多方一般通过签署书面协议的形式来确定试验的目标、内容、实施方式、建设时限等,进而按照协议约定履行各自所承担的职责,同时各方一般还共同组成专门的机构以负责组织实施。根据笔者的不完全统计,目前部省共建试验区主要包括教育部与多个省市合作共建的各种不同类型的教育改革试验区、民政部与浙江省共建的温州市民政综合改革试验区、人力资源和社会保障部与天津市共建的以创业带动就业试验区、交通运输部与重庆市共建的统筹城乡交通发展改革试验区、水利部与重庆市共建的统筹城乡水利发展与改革试验区、卫生部与重庆市共建的统筹城乡卫生发展试验区等(参见表2.4)。

表2.4　部省共建试验区概况

共建方	试验区名称
教育部分别与重庆、湖北、四川、湖南、上海	国家教育综合改革试验区
教育部分别与天津、四川、河南、广西	国家职业教育改革试验区
教育部与国务院三峡办、重庆、湖北	三峡库区职业教育和技能培训试验区
教育部、贵州	毕节贫困山区教育改革发展试验区
教育部、山东	潍坊市国家职业教育创新发展实验区
教育部、黑龙江	国家现代农村职业教育改革试验区
教育部分别与湖南、宁波	教育国际合作与交流综合改革试验区
教育部、江苏	高等教育综合改革试验区 国家教育现代化试验区

試 点

续表

共建方	试验区名称
民政部、浙江	温州市民政综合改革试验区
人力资源和社会保障部、天津	以创业带动就业试验区
交通运输部、重庆	统筹城乡交通发展改革试验区
水利部、重庆	统筹城乡水利发展与改革试验区
卫生部、重庆	统筹城乡卫生发展试验区

资料来源:作者根据媒体公开报道整理而成。①

三、国务院部委指导建设的试验区

国务院部委指导建设的试验区,是指国务院所属各个部委以部门相关业务为试验主题、在各级地方布置建设的各类试验区。与前两类试验区相比,

---

① "全国教育改革试验区建设格局初步形成",《光明日报》,2009 年 5 月 14 日;"教育部与重庆市将共建国家统筹城乡教育试验区",新华社重庆 2008 年 7 月 24 日电;"武汉城市圈成为国家教育综合改革试验区",新华社武汉 2008 年 8 月 4 日电;"教育部与地震灾区成都市共建教育综合改革试验区",新华社成都 2009 年 4 月 5 日电;"教育部与湖南省共建长株潭教育综合改革国家试验区",《湖南日报》,2009 年 8 月 17 日;"教育部和上海市共建国家教育综合改革试验区",新华社北京 2010 年 3 月 3 日电;"天津市与教育部共建国家职教改革试验区",《中国教育报》,2006 年 3 月 29 日;"教育部与四川省签共建职教综合改革试验区协议",《中国教育报》,2008 年 5 月 13 日;"河南省教育部共建国家职教改革试验区",《中国教育报》,2008 年 10 月 20 日;"广西设立全国首个民族地区职业教育综合改革试验区",新华社广西 2009 年 3 月 12 日电;"三峡库区职业教育和技能培训试验区将建立",新华社北京 2009 年 3 月 12 日电;"教育部贵州共建毕节贫困山区教育改革发展试验区",新华社北京 2010 年 3 月 4 日电;"教育部与江苏共建国家高等教育综合改革试验区",《中国教育报》,2011 年 8 月 31 日;"山东省与教育部共建潍坊国家职业教育创新发展实验区",《大众日报》,2012 年 3 月 14 日;"黑龙江教育部共建国家现代农村职教改革试验区",《中国教育报》,2012 年 7 月 23 日;"教育部与湖南省、宁波市共建教育国际合作与交流综合改革试验区",《中国教育报》,2012 年 12 月 13 日;"教育部与江苏省政府共建教育现代化试验区",《中国教育报》,2013 年 5 月 20 日;"共建温州市民政综合改革试验区",《浙江日报》,2013 年 1 月 16 日;"重庆成为我国统筹城乡交通发展改革试验区",新华社重庆 2008 年 8 月 10 日电;"水利部与重庆市签署合作备忘录 共建统筹城乡水利发展与改革试验区",《中国水利报》,2008 年 3 月 14 日;"卫生部与重庆共建统筹城乡卫生发展试验区",新华社北京 2008 年 10 月 10 日电。

国务院部委指导建设的试验区主要致力于开展涉及本部门职责的专项改革试验,政策试验的开展以"条条"为主。它一般是某一国务院组成部门需要在个别领域进行试点,于是选择在一些符合相关条件的地方作为试验区域,试验区所在地需要接受相关部委的指导和监督等。其与前两类试验区的不同之处在于,这一类试验区的试验主题相对单一,改革目标比较具体,任务要求更加明确,主要把精力集中于探索和突破具有全局和典型示范意义的重点专项改革方面。

国务院部委指导建设的试验区一直以来在各类试验区中都占据重要地位。相比于 2000 年之后才陆续出现的国家综合配套改革试验区、部省共建试验区等新类型,部分国务院部委早在 20 世纪 80 年代末就开始布置并指导相关地方试验区的建设,并一直延续至今。根据笔者的不完全统计,在国务院 27 个组成部门中,目前已有 10 多个机构在地方设置有相关试验区建设项目,并负责指导其具体工作(参见表 2.5)。

表2.5　部分国务院部委指导建设的试验区

指导部委	试验区名称
教育部	社区教育试验区
科学技术部	可持续发展试验区
工业和信息化部	信息化和工业化融合试验区
民政部	社区管理和服务创新试验区 农村社区建设试验区
住房和城乡建设部	住宅产业现代化试验区
农业部	农村改革试验区

试　点

续表

指导部委	试验区名称
文化部	文化生态保护试验区
卫生部	国家中医药发展综合改革试验区
国务院台湾事务办公室、商务部、农业部	海峡两岸农业合作试验区

资料来源:作者根据媒体公开报道整理而成。①

　　除了上述列举的受国务院部委指导建设的各种试验区外,在这一类型的试验区中还存在一些特殊情况。比如,国家发改委在个别地方布置的一些"改革工作联系点"。根据发改委的界定,这些"联系点"原则上不承担国家层面的重大综合或专项试验任务,只是国家发改委在工作联系方面相对固定的地方试验地区。当条件适宜时,国家发改委会把一些暂时不适宜大范围推开的经验做法,放在这些地区进行试验、观察,为以后全面推开做准备。② 目前这类较为特殊的试验区包括云南省旅游综合改革试验、浙江省转变经济发展方式综合配套改革试验、苏州城乡一体化发展综合配套改革试点区等,它们都经常性地接受国家发改委在试验工作方面的指导。

---

　　① "展望21世纪我国社区教育",《中国教育报》,2003年1月28日;"国家可持续发展试验区建设辉煌成就纪实",《科技日报》,2008年12月29日;"八大国家级两化融合试验区建设有序推进",《中国电子报》,2009年6月4日;"安徽铜陵铜官山区成首个全国社区管理和服务创新试验区",新华社合肥2011年7月30日电;"西宁城西区被确定为全国农村社区建设试验区",《青海日报》,2007年10月2日;"安徽皖江诞生首个国家级住宅产业现代化试验区",中新社合肥2010年8月25日电;"农村改革试验区对推动农村改革发挥积极作用",新华社贵阳2010年11月9日电;"我国第一个文化生态保护区的前世今生",新华社福州2008年10月20日电;"北京东城区成为国家中医药发展综合改革试验区",新华社北京2010年4月19日电;"海峡两岸农业合作试验区成效显著",新华社北京2005年2月25日电。
　　② "综改试验区5年路线图:尚未结束的中国式放权之路",《21世纪经济报道》,2010年8月16日。

另外,有的试验区因为试验主题及任务的重要性、关键性,须由国务院批准方可成立,并不意味着它就属于国家级试验区,要判断其类型仍然需要依据试验工作的具体开展形式。例如,2012 年 3 月 28 日召开的国务院常务会议批准实施《浙江省温州市金融综合改革试验区总体方案》,决定设立温州市金融综合改革试验区。[①] 同时,国务院委托中国人民银行为牵头部门,指导和协调浙江省温州市金融综合改革试验区建设。[②] 因此,温州市金融综合改革试验区仍然属于部委指导建设的试验区。

四、地方自建试验区

地方自建试验区,是指各级地方政府或独立、或合作开展建设的多种类型的改革试验区,政策试验的进行以"块块"为主。由于是地方政府自主建设,因此这一类试验区在试验主题选择、内容布置、实施方式等方面都更为灵活多样,许多地方试验区的建设还能为中央政府提供参考,得以推广到其他地方。

地方自建试验区因其建设的自主程度较大,所以数量庞大、种类丰富。除了地方政府根据自身经济社会发展状况完全"自主命题"建设的试验区之外,还有相当一部分是模仿前三类试验区或彼此相互模仿而建的。以各地方发改委主导建设的地方性综合配套改革试验区为例,在国家级综合配套改革

---

① 参见"温家宝主持召开国务院常务会议决定设立温州市金融综合改革试验区",中国政府网,2012 年 3 月 28 日。

② 参见"周小川行长率中国人民银行调研组赴浙江温州开展金融综合改革试验区建设调研",中国人民银行网,2012 年 4 月 10 日。

试 点

试验区出现之后,多个地方也开始在建设本地区甚至跨地区的综合配套改革试验区。根据国家发改委的统计,目前全国已有 20 多个省市区自主开展综合配套改革试验区建设,共设立了 70 多个各种类型的综合配套改革试验区。[①] 可以说一直以来,许多地方自建试验区的出现都带有很明显的"跟风"因素。

自主发起、独立或相互合作建设,是地方自建试验区的题中之义。但实际上,大多数地方自建试验区的最终目标都指向转变为前三类试验区。许多地方在最初未能成为国务院及其组成部门的选择而跻身于国家综合配套改革试验区、部省共建试验区、受国务院部委指导建设试验区之列的情况下,多采取自主建设甚至模仿建设相同主题的试验区的做法,以期引起中央政府的注意从而达到"升级"的目的。这方面的一个典型事例是,在 2009 年 8 月 2 日,教育部对其指导建设的"全国社区教育试验区"名单的重新审定中,一个重要的理由就是"增加一批工作力度大的省级社区教育试验区为全国社区教育试验区单位"[②]。

考虑到时效性、资料完备性等因素,这里不对各地自主建设的试验区进行一一列举。笔者对列入各省(自治区、直辖市)"十二五规划"的自建试验区项目进行了整理(参见表 2.6)。由于"五年规划"在中国经济社会发展中显而易见的重要性,能进入规划文本的试验区项目从一个侧面反映了自身受到重视的程度。

---

① 参见"综改试验区 5 年路线图:尚未结束的中国式放权之路",《21 世纪经济报道》,2010 年 8 月 16 日。

② 《教育部关于重新公布全国社区教育实验区名单的通知》(教职成函〔2009〕4 号),2009 年 8 月 2 日。

表2.6　部分地方自建试验区概况

省份	试验区名称
安徽	自主创新综合配套改革试验区(合肥、芜湖、蚌埠) 城乡一体化综合配套改革试点区(合肥、芜湖、马鞍山、铜陵、淮南、淮北)
北京	农村金融综合改革试验区(大兴)、农村经济发展创新研究试验区(平谷)
甘肃	统筹城乡综合配套改革试验市(兰州、金昌、嘉峪关)
广西	统筹城乡综合配套改革试点区(南宁、玉林、桂林、柳州、百色、钦州)
贵州	统筹城乡发展试验区(遵义)、"开发扶贫—生态建设"试验区(毕节)、"深化改革,促进多种经济成分共生繁荣,加快发展"试验区(安顺)、生态文明试验区(黔东南)、"星火计划"科技扶贫试验区(黔西南)、资源枯竭型城市转型发展试验区(万山)
海南	国际旅游岛先行试验区
河北	保险服务可持续发展试验区(曹妃甸)
河南	农村综合改革发展试验区(信阳)、统筹城乡发展试验区(新乡)、循环经济试验区(安阳安西、鹤壁宝山、邓州等)、文化改革发展试验区(开封、登封等)
黑龙江	农业综合开发试验区、现代农业综合配套改革试验区(三江平原和松嫩平原)
吉林	长吉图开发开放先导区(长春、吉林、图们江)
江苏	沿海滩涂围垦综合开发试验区(盐城)
浙江	海洋综合开发试验区、海洋旅游综合改革试验区(舟山)
江西	新型能源开发利用试验区(抚州)
内蒙古	科技改革与创新试验区(规划中)
宁夏	内陆开放试验区(规划中)、旅游扶贫发展试验区(固原) 人才管理改革试验区(银川)
青海	循环经济试验区(柴达木)
山东	生态环境补偿机制试验区(黄河三角洲地区)
陕西	城乡统筹示范区(神木县、府谷县、高陵县、杨陵区) 文化生态保护试验区(规划中)
西藏	统筹城乡改革先行先试试验区(规划中)

续表

省份	试验区名称
新疆	人才管理综合试验区(乌鲁木齐高新技术产业开发区、喀什特殊经济开发区、霍尔果斯特殊经济开发区等)
云南	绿色经济试验示范区(普洱、西双版纳、临沧)

资料来源:作者根据各省(市、自治区)"十二五规划纲要"整理而成。"国家综合配套改革试验区"所在省份(上海、天津、重庆、四川、湖北、湖南、广东、辽宁、山西、福建)不包括在内。

值得注意的是,地方政府除了各自独立建立相关的试验区外,近年来部分地方之间还共同合作建设了一些试验区(参见表2.7)。从中可以看到地方追求试验创新的步伐一直未有停歇。

表2.7　部分地方合作建设的试验区概况

合作方	试验区名称
深圳、香港	深港现代服务业合作区
四川广安、重庆	川渝合作示范区
深圳、汕尾	深汕特别合作区
江苏连云港、河南郑州	东中西区域合作示范区*
广东顺德、广东清远	广东顺德清远(英德)经济合作区
广西梧州、广东肇庆	粤桂合作特别试验区

资料来源:作者根据媒体公开报道整理而成。①

*其中"东中西区域合作示范区"的合作主体正在不断扩大中。

---

① "国务院批复同意《前海深港现代服务业合作区总体发展规划》",新华网深圳2010年8月26日电;"积极打造川渝合作示范区",《重庆日报》,2011年3月30日;"深汕特别合作区正式成立",《深圳特区报》,2011年5月22日;"中国设立国家东中西区域合作示范区",中新社北京2011年6月9日电;"顺德清远经济合作区成立",《深圳特区报》,2011年12月25日;"广东和广西谋划携手打造'粤桂合作特别试验区'",新华社广州2012年3月10日电。

　　经过长期的发展,尤其是基于实践的反复摸索、筛选之后,目前试点的种类已基本稳定在上述 2 个大类别、7 种具体类型,它们一并形成了试点自身一个相对合理的内容体系。应该说,这些类型的出现都是为满足政策试点工作的实际需要,其在功能定位、目标导向上有一个较为合理的分布,各种试点类型各司其职、各归其位,有时彼此之间还需保持相应的配合。同时,这些试点类型也都是"与时俱进"的,它们会随着改革形势、试点领域的变化而变化。今后在各种类型之间重新进行排列组合,乃至出现新旧类型的相互替换,都是自然而然的事。

第三章　试点的运行过程

在对试点的历史脉络和基本类型梳理完毕之后,以此为基础,对它的分析将进入另一阶段,也即对试点活动的具体运转过程做进一步的挖掘和提炼,从技术层面对其做一个动态分析,勾勒出试点的运行过程路线图。经过长期的实践和体会,试点在实践操作中已经形成了一整套相对稳定的程序和自成系统的做法,这包括"先试先行"和"由点到面"这前后 2 个阶段,以及分别与之对应的选点、组织、设计、督导、宣传、评估,以及部署、扩点、交流、总结等共计 10 个环节。

第一节　先试先行:试点的展开

先试先行,是指启动政策试点、实施第一轮次的试点工作,它构成了整个政策试点过程的前半阶段,也即通常所说的"典型试验""先行试点"。这一阶段的试点工作一般都要经过选点、组织、设计、督导、宣传、评估这 6 个环节,它们共同构成了实施一个周期的试点工作的完整且依次递进的基本步骤。当然,这 6 个环节及其先后顺序并不是绝对的,在实际进行过程中有的试点项目可能会跳过某一环节,或者同时实施某些步骤。

一、选点

选点,即选择开展试点的地区或部门,这是试点在启动之时要做的第一项工作。这通常是由试点推动方先根据试验的具体类型、难易大小、重要性程度等方面的不同,来估定所需试验点的一个大致规模,这或者是按照一个固定的数量,或者是按照一个相应的比例,然后再通过相应的途径及手段产生试验点名单。在对试验点的选择过程中有两个值得注意的方面:一是产生试验点的方式、一是产生试验点的标准。

(一)产生方式

产生试验点的方式有两种:一是试点主导方自行选择并征得对方同意,一是各个地方或部门主动申请并得到相应的批准。多数试点通常采用其中一种方式即可确定试验点名单,有的则是将两种方式结合起来运用。随着"自愿试验"这一点在试验点选拔工作中越来越受到重视,目前大部分的试验点都是从各地方或部门的主动申报中选出。

国家教育体制改革试点地区和试点单位是如何确定的?

试 点

为做好教育规划纲要的贯彻落实工作，从今年年初开始，教育规划纲要工作小组办公室就结合规划纲要提出的重大改革，研究确定了近期启动实施的重点任务，并将这些重点任务公开发布，请愿意先行先试的地区和学校，选择一项或几项申报国家改革试点，按照'自愿申报、专家评审、协商论证、综合平衡、统一部署'的原则，制定国家教育体制改革试点总体方案。在第一轮申报的时候，共有500多个改革项目，各地各校改革的积极性很高。教育规划纲要工作小组办公室组织相关领域的专家，主要从科学性、合理性、操作性等方面，对所有项目提出修改完善建议，并将意见反馈给申报单位，进一步完善试点方案。试点方案再次上报后，教育规划纲要工作小组办公室组织由教育部门、相关管理部门和专家组成的综合评审组，重点就试点方案的改革措施、配套政策、保障条件等进行研究论证，提出修改完善建议，反馈给申报单位。经过'三下三上'的过程，总体方案不断完善，在全国教育工作会议上，进一步听取了与会代表的意见。大家认为，总体方案体现了顶层设计、试点先行、有序推进的原则。根据全国教育工作会议上大家所提的意见建议，又对试点总体方案进行修改完善，并按程序审定。8月27日，国务院召开电视电话会议，对教育体制改革试点进行了统一部署。不久前，国务院办公厅印发了《关于开展国家教育体制改革试点的通知》，明确了试点的重点任务和试点地区、试点单位。所有的试点项目，都是各地各校根据教育规划纲要提出的改革要求，紧密结合自身实际研究设计的。

——"国家教育体制改革领导小组办公室负责人就教育体制改革试

点有关问题答记者问"

新华社北京 2010 年 12 月 5 日电

基于对试点项目中"政策含金量"的预估,各地方或部门对于试点工作的参与积极性有高有低。由于在试点过程中要做到"先行先试",相应的试验点需要承担一定的风险、付出一些额外的成本,但与此同时,通过这些政策试验性工作试验点也可能会获得额外的"政策红利"。基于这两者孰大孰小的不同预期,各地方、各部门对不同试点项目的态度也存在着明显的差异。有的试点项目较受青睐,比如在各种试验区的申报上,来自各个地方的申报一直都较为踊跃;有的试点项目则相反,各地方、各部门会显得比较犹豫甚至是回避,有时需要以"派任务"的方式才能将试点工作布置下去。这使得试点实施过程中经常会出现如下情况:随着试点工作的进行,在还未发展到对试点成果进行推广之前,就已经陆续有新的地方或部门申请加入试验点行列。这其中一个主要原因就在于通过对试验点所做的一系列工作进行实际观察,非试验点对该试点工作所持的态度发生了转变。

(二)产生标准

无论通过何种形式产生,要能够入选成为试验点,都必须满足相应的条件、符合相应的标准。由于试点是一次"试错"的过程,其所带来的风险和成本不容忽视,这就要求参与试点工作的地区或部门具备相应的能力和条件,以满足试点改革的相关要求,以及能够化解可能与之而来的"副作用"。通常而言,在考虑是否将某个地方或部门列为试验点时,需要考虑到一些硬件、软件方面的准备情况,比如较高的参与积极性、有一定的工作基础、具备相应的人力物力条件等。这意味着在选择试验点时必须将候选单位的经济社会发展状况、改革实践能力等条件都纳入参考范围。例如,开始于 2003 年的新型农村合作医疗试点工作在其启动之初,卫生部等就提出要慎重选择试点县(市),并进一步明确可以从 4 个方面综合考虑:一是县(市)人民政府特别是主要负责人高度重视,积极主动地提出申请;二是县(市)财政状况较好,农民有基本的支付能力;三是县(市)卫生行政部门管理能力和医疗卫生机构服务能力较强;四是农村基层组织比较健全,领导有力,农民参加新型农村合作医疗积极性较高。同时,还着重强调了暂不具备条件的县(市)先不要急于开展试点①。另外,如果是示范性质的试点,要达到形成表率和榜样的标杆效应,还会将选择标准调高一些。

(三)"点"的平衡

在选择试验点的诸多"准入"标准中,较为重要的一点是要使得所有"入选点"保持分布平衡。这同时也是在确定试验点时所要追求的一个目标,也即要使试验点在空间位置分布、内容搭配等方面之间实现相互补充和均衡。比如在 2007 年 4 月,国家发改委提出入选国家级综合配套改革试验区的 4 点"门槛":即试点要有代表性与典型性;要在试点内容上有特点和重点;已经在相关领域进行过改革试验和探索;试点选择要考虑区域平衡发展,选择具有全局性意义的地区。除此之外,发改委还明确指出:"试点布局合理是最重要

---

①　参见《国务院办公厅转发卫生部等部门关于进一步做好新型农村合作医疗试点工作指导意见的通知》(国办发〔2004〕3 号),2004 年 1 月 13 日。

的标准"①。试点不是为解决单个地方、单个领域自身的发展问题,而是要为全局性的政策变迁和制度创新积累经验、提供参考,这就要求试验点的分布要尽可能地具有代表性。首先,所选择的试验点本身应该具有较大的典型性,能够带有处于不同经济社会发展阶段的区域的各自特点,同时试验点要在所在区域或领域内具有一定的影响力和带动力,这样各个试验点可以一起形成网状辐射合力,可以把试点成果推及全国不同条件的各个地方。其次,在试点任务的布置上,优先考虑将试验点自身发展的现实需要和整个改革试点的内容结构相结合,使得试点行动既能够对解决试验点面临的现实问题有所助益,同时对推动全国或一定范围内的改革又具有参考价值。在这方面比较显著的例子是国家级综合配套改革试验区的选择和设立,其最终确定的试验点的地域、层次分布及试验主题的选择等要素都是极为契合的。

二、组织

组织,即构建专门负责试点工作的组织力量,一般是建立以试点主题为名称的"领导小组""协调小组"及"部际联席会议"之类的机构或机制。在试点项目的组织领导工作中,还有两个方面需要把握,即组织的运作特点和人员结构。

(一)运作特点

通常情况下,"试点工作小组"会同时设置于两个层面。第一个层面设置

---

① "申新闸门暂落 国家综改区布局初定",《21世纪经济报道》,2007年12月14日。

于试点发起方,比如在国务院及其部委、省一级的相关"小组",它的职责主要包括负责组织协调和宏观指导试点工作,研究制定相关政策并督促检查政策的落实情况,总结评估试点工作,协调解决试点工作中出现的问题,并就试点过程中的重大问题提出报告和建议,等等。第二个层面设置于试点实施方,比如试验点所在地区或部门,它的职责主要包括根据预期试点目标、任务安排和工作步骤,按时推进范围内的试点计划,制订试点具体实施方案并负责落实,及时总结经验,按要求及时汇报试点工作进展,等等。

目前,在试点过程中所建立的相关组织有 3 种基本类型,它们是"领导小组""协调小组"和"部际联席会议"。其中,以"领导小组"和"协调小组"最为常见,"部际联席会议"只出现在国务院层面。单从称谓上看,容易将其归于以"领导小组"为代表的议事协调机构这一组织类别,但实际上它们与通常意义上的议事协调机构存在着较大的不同。① 各种"试点工作小组"在组成方式、运作特征等方面有着自身的一些特殊之处。

"试点工作小组"属于阶段性工作机制,在试点工作任务完成后即刻撤销,并不是实体意义上的组织,自然也就不能将其归为正式的议事协调机构或临时机构。"试点工作小组"主要以不定期地召开会议的形式来开展工作,是一种较为松散的议事、协调方式。

另外,"试点工作领导小组""试点工作协调小组"和"试点工作部际联席会议"这 3 种基本类型之间亦存在着一定差异。以国务院层面的 3 类试点工

---

① 关于各种"领导小组"等议事协调机构在政策过程中发挥作用的详细情况,可参见拙作《中国"小组机制"研究》(天津人民出版社,2010 年)和《领导小组》(天津人民出版社,2020 年)。

作小组为例,"试点工作领导小组"的规格最高,一般是以国务院办公厅通过发布"成立通知"的形式建立。"试点工作协调小组"则是由某个国务院组成部门因工作需要,在向国务院做出请示报告后,国务院以批复的形式批准成立的;根据相关规定,"试点工作协调小组"不能刻制印章、不能正式行文,主要以会议纪要的形式明确议定事项,经与会单位同意后印发有关方面。"试点工作部际联席会议"是各成员单位按照共同商定的工作制度而建立的一种工作机制,它与"试点工作协调小组"较为相似,比如都需要由牵头部门向国务院请示、经由国务院审批才能成立,不能刻制印章、不能正式行文等,如确需正式行文,可以牵头部门名义、使用牵头部门印章,也可以由有关成员单位联合行文;"试点工作部际联席会议"的特点在于,对作为联席会议召集主体部门的资格放得更宽一些。从实际情况来看,"试点工作领导小组"的设立需要由国务院办公厅提出方案,"试点工作协调小组"的设立则一般需要由国务院组成部门做出请示,而建立"试点工作部际联席会议"是国务院的组成部门、直属机构、直属事业单位都有资格向国务院提出请示的。

(二)人员结构

"试点工作小组"的人员构成来自3个方面,这与正式的议事协调机构基本一致。

1. 领导成员

"试点工作小组"没有专职的领导,其领导成员都是由常设党政机关的相关领导兼任的。通过采用兼任领导的模式,"试点工作小组"可以充分运用领导成员原有职务的权力,来完成计划所设定的任务,当原有职务不符合完成

试　点

计划所需要的权力时,还通过正常的组织渠道,在宣布领导成员组成的同时,正式授予领导小组成员必要的"附加权力"①。

"试点工作小组"的正职领导,一般是根据政治领导人的原有业务分工,来出任相关"试点工作小组"的负责人。就多数情况而言,在中央政府层面,通常是由一位国务院副总理、国务委员出任"试点工作小组"的领导正职,在个别情况下也可以由相关部委的负责人担任,如国务院新型农村社会养老保险试点工作领导小组、国务院城镇居民社会养老保险试点工作领导小组的组长皆为国务院副总理张德江;在地方层面,"试点工作小组"的负责人同样也是根据党政领导的日常分工来确定。"试点工作小组"的副职领导则有多种情况,副职的数量和构成要根据"试点工作小组"所承担工作的规模和复杂性,以及正职的情况等多种因素而定。如果该"试点工作小组"的工作非常重要,正职直接由行政首长担任,则副职一般就由对应的相关分管副职出任,通常就只有 1 至 2 人;如果"试点工作小组"的正职已经是常设机构的相关分管副职,则副职多由主要涉及的几个部门的代表出任,一般达 4 至 7 人。

"试点工作小组"采用高密度集合型的政治权力结构,充分"借用"高层级领导的原有权力,这一独特的领导构成和权力来源方式造就了"试点工作小组"不同于一般性常设机构的特殊权威性。虽然对"试点工作小组"的政治级别在制度上没有明确的规定,但它们在实际运行中的影响显然要比其他正式序列机构高出一些。比如由国务院副总理担任组长的相关"试点工作小组",

---

① 朱光磊:《当代中国政府过程(第三版)》,天津人民出版社,2008 年,第 153 页。

其实际地位就略高于国务院各部委,其在与多个部门联合的发文通知中一般都居于首位。地方上的"试点工作小组"同样如此。这些都与"试点工作小组"的领导成员的高规格有着直接关联。

2.组成部门

数量多、涉及面广是"试点工作小组"在部门构成上的一个显著特点。"试点工作小组"根据其所担负工作任务的性质和具体内容,本着宽泛的原则,尽量将涉及的相关联部门吸纳为成员单位,并且依据各部门原有的政治排序来确定它们在"试点工作小组"结构中的次序。"试点工作小组"的非领导成员就是由这些组成部门各派出一名"代表"构成,通常是各个部门内分管相关工作的副职,如果涉及的任务与本部门工作职能的相关性程度较高,也可能直接派出部门的负责人作为代表。

关于这些组成部门在"试点工作小组"中的具体分工,一般是在各个部门日常工作职能的基础上,结合"试点工作小组"所承担任务的特点,明确规定有相应的职责分配。由于各个组成部门自身职能安排与"试点工作小组"的任务指向的结合程度存有差异,彼此之间所承担工作量的大小不尽相同,因此还可以将它们进一步区分为主要部门和一般部门,而这从各个组成部门所派出的代表是否担任"试点工作小组"的领导副职就可以加以判断。首先,在"试点工作小组"的结构中存在几个主要的责任部门,它们与"试点工作小组"的联系较为紧密,承担着"试点工作小组"的大部分工作,因此相对于其他部门成员,其重要性更为突出,这些部门的代表通常也就担任着"试点工作小组"的副职领导,尤其是这几个主要部门中工作任务最重的,通常被称为牵头部门或承办部门,其代表一般担任"试点工作小组"的第一副职。其余一般性的部门,与"试点工作小组"工作的关联性弱于前者,所担负工作量较小,其派出代表通常就担任"试点工作小组"的一般成员。

3.办事机构

"试点工作小组"的办事机构,主要有以下几种设置模式:绝大多数的"试点工作小组"现在已经不再单独设置办事机构,而是将"试点工作小组"的日常工作直接交由主要责任部门的某个内设机构承担,也即这个内设机关"兼任"着"试点工作小组"的办事机构的角色;还有一部分"试点工作小组"将办事机构设置在牵头的主要责任部门内,通常是采取与部门内设机关实行"一个机构两块牌子"的形式,也有一些办事机构是与某个常设机构"合署办公"。

相应的,各个办事机构负责人的任职方式也不尽相同。与"试点工作小组"的领导成员类似,大多数办事机构的负责人是由对应常设机构的负责人兼任的:有的是由来自主要责任部门的"试点工作小组"的副职领导兼任办事机构的正职,并同时由这个部门某个内设机构的主管出任常务副职,这个常务副职也在事实上负责办事机构的日常工作。也有一种情况是直接由承担相关工作的部门内设机构正副主管一起兼任办事机构的正副职。

三、设计

设计,即在确定试验点、搭建组织架构等工作完成之后,试验点就要开始着手制订用于实施试点计划的具体操作化方案,而这通常又是由相关"试点工作小组"来负责完成。同时,方案的类型、内容结构根据试点目标的差别而略有不同。如果是测试、示范新政策为主的试点项目,试验点只需根据试点总体方案的要求,设计所承担试点任务的具体组织实施方案;如果是以探索、创造新政策为主的试点项目,试验点所设计的具体实施方案实际上也可以被视为试点总体方案。

在一项试点工作启动之初,试点启动方通常会以下发"试点指导意见"的形式来出台"试点总体方案",而"试点实施方案"则是对它的细化和具体化,具有明显的技术性、业务性特征,是试验点开展试点工作的计划和指南。在"试点总体方案"出台后,试验点就可以按照总体方案中的相关要求并结合自身实际情况,进一步制订更加细致的工作计划和实施办法,现实地着手组织、落实试点工作。在内容结构上,"试点实施方案"一般会涉及到试验点如何利用一定的人力、物力、财力,分解试点任务,安排试点进度,在部门间进行分工并落实,在规定的时限内实现预期目标,等等。试验点所分别出台的一个个具体的试点实施计划一起构成了整个试点项目的总的行动方案。

试验点在制定出具体实施方案后,一般还需要将这些方案上报至试点启动方,通常是相关"试点工作小组",由其审定后方可实施。省一级政府出台的试点实施方案,需直接上报至中央政府层面的"试点工作小组",由其备案后方可启动实施。省一级以下政府出台的试点实施方案,需上报至由省一级政府,由其批准后方可实施;如果是国务院及其部委启动的试点项目,还需要报中央政府层面的"试点工作小组"备案。

随着试点方法的日趋成熟,试点方案的标准化、规范化程度亦越来越高。在"试点总体方案"中,其内容结构已基本稳定在指导思想、总体目标、基本原则、主要任务、试点内容、对试验点的要求这 6 个板块;在由试验点所制订的具体实施方案中,其内容结构已基本稳定在任务目标、具体措施、进度安排、配套政策、保障条件、责任主体这 6 个板块(参见表3.1)。

表3.1　"试点总体方案"与"试点实施方案"的内容结构对比

试点总体方案	试点实施方案
指导思想	任务目标
总体目标	具体措施
基本原则	进度安排
主要任务	配套政策
试点内容	保障条件
对试验点的要求	责任主体

资料来源:作者自制。

　　当然,在实际设计过程中,"试点实施方案"的编制肯定更为细化一些。试点发起方经常会根据本次试点工作的特点,对试验点所制订实施方案的内容结构提出一些专门性的要求。比如,在开始于 2010 年的国家教育体制改革试点中,国务院办公厅就明确要求各个试验点的具体实施方案应包括改革目标、改革措施、进度安排、配套政策、保障条件、责任主体、风险分析及应对措施、预期成果及推广价值等核心内容。[①] 而在于 2005 年启动的"循环经济试点"工作中,国家发改委也对各个试点地区的具体实施方案提出了详细的编

---

　　① 《国务院办公厅关于开展国家教育体制改革试点的通知》(国办发〔2010〕48 号),2010 年 10 月 24 日。

制标准,要求其需要涵盖试点单位基本情况,发展循环经济的工作基础,发展循环经济的指导思想、目标和主要任务,发展循环经济的重点,项目规划和投资,保障措施,需要国家给予的支持等 7 个方面内容。[①]

四、督导

督导,即对试验点的工作进展情况进行督促、指导和检查。为保证试验点的工作按预定计划进行和试验质量,相关部门还会按照试点总体方案及实施方案中的预先设计,对试验点进行及时的指导,开展跟踪性的调研,定期进行检查,以便于及时了解试点工作进展状况,并根据试验点的实施情况反馈及时完善试点方案。督促指导工作一般由“试点工作小组”及其办公室负责,有时还会建立专门的督促指导机制,主要形式包括派出督导组调研、举办试点工作培训会和培训班、建立专门性的委员会等。

在试点过程中,“试点工作小组”及其办公室通常会派出督导组到试验点所在地区,对试验点的措施执行情况、保障到位情况、政策效果、群众满意度等方面展开调研和检查,听取试验点的工作汇报。督导组会根据在试验点的调研情况提出相应的督导意见和建议,并及时将这些信息反馈到“试点工作小组”。

督促指导的另一主要形式是举办专题培训会和培训班,即召集试验点代表和相关责任部门,对其进行政策要点、操作规程等方面的指导。特别是在

---

① 《国家发展和改革委员会办公厅关于印发循环经济试点实施方案编制要求的通知》(发改办环资〔2005〕2441 号),2005 年 11 月 14 日。

试 点

试点内容及其操作较为专业和复杂时,对试验点及其工作队伍进行业务指导就显得尤为必要。比如,在公立医院改革试点工作中,卫生部就先后组织了4次培训,这包括公立医院改革试点办公室联络员培训会、公立医院改革试点政策与管理培训班、公立医院改革联系试点城市派驻联络员培训会、公立医院改革试点政策与管理高级培训班等(参见表3.2)。

表3.2 公立医院改革试点培训概况

主题	内容	时间
试点办公室联络员培训会	改革试点政策和2011年试点工作安排,派驻联络员的目的、职责、选派和保障条件等	2010.4.2
试点政策与管理培训班	改革试点的框架思路和主要内容,公立医院编制管理政策、人事制度和收入分配制度改革、公立医院规划调控和病种付费、公立医院改革的价格政策、公立医院改革的经济政策和财务会计制度改革、区域医疗机构设置规划、医师多点执业和整体护理等	2010.5.13
联系试点城市派驻联络员培训会	2011年公立医院体制机制改革重点任务,派驻联络员的工作职责及信息报送要求等	2011.7.2
试点政策与管理高级培训班	改革试点的思路、方向、路标、路径和政策措施,事业单位分类改革推进政策,改革公立医院补偿机制、人事分配制度等	2011.7.5

资料来源:"卫生部公立医院改革试点办公室召开联络员培训会",中央人民政府网站,2010年4月6日;"公立医院改革试点政策与管理培训班在京开班",中国卫生人才网,2010年12月22日;"卫生部公立医院改革试点办公室召开联络员培训会",中央人民政府网站,2011年4月6日;"公立医院改革试点政策与管理高级培训班在京举行",中央人民政府网站,2011年7月13日。

建立专门的委员会并由其对试验点的工作进行检查指导,是新近出现的一种督导形式,这主要是出于试点工作科学化和专业化的考虑。比如,在国家教育体制改革试点中,除国家教育体制改革领导小组及其办公室外,还成立了专门的"国家教育咨询委员会"。按照定位,国家教育咨询委员会是对国家重大教育改革发展政策进行调研、论证、评估的咨询机构,首届委员会由64位委员组成,对应教育规划纲要中确定的十大改革任务,分10个组开展工作;咨询委员会的重要职责之一,就是对各个试验点的工作进行检查、指导和评估,并及时向国家教育体制改革领导小组提出报告[①]。委员会的工作方式包括"分兵作战""微服私访""定点跟踪指导""提交专题报告""独立或联合有关部门开展工作"等多种灵活形式[②]。

五、宣传

宣传,即对试点工作进行舆论宣传,由试验点特别是相关业务部门与宣传部门互相配合、共同推动,贯穿于试点工作的整个过程。这包括对试点工作的重要意义、指导思想、基本原则、主要任务、政策措施、阶段性成果等进行宣传和报道等。这些宣传活动的目的在于通过合理引导社会舆论和社会预期,以坚定改革信心、增进改革共识,争取社会各界对试点工作的理解和支持。概括而言,对试点工作的宣传主要由2个方面构成:一是对试点内容进行

---

① 参见"国家教育体制改革领导小组办公室负责人就教育体制改革试点有关问题答记者问",新华社北京2010年12月5日电;《国家教育体制改革领导小组办公室关于印发〈国家教育咨询委员会章程〉和〈国家教育咨询委员会工作规程(试行)〉的通知》(教改办〔2010〕2号),2010年12月10日。

② 参见"中国首次成立国家教育咨询机构推进教育改革",新华社北京2010年11月18日电。

试　点

政策宣传、解疑释惑,一是对试点的积极效应特别是阶段性成果进行典型性报道。

在"试点总体方案"出台之后,通常会首先以通俗易懂、易于接受的语言和方式,以这一总体方案为蓝本,进行更为细致和具体的阐述,对一些普遍性和关键性问题进行解答,主要手段包括"试点方案解读""答记者问"等。通过这些宣传形式和渠道,可以使社会各界对此次试点工作的主要目的、重点内容、政策变化、预期结果有一个初步的认知和了解,特别是使可能会被改革措施影响到的相关群体提前做好相应的物质和心理准备,能够有利于试点工作的顺利展开。相比于过去的试点工作一般习惯于"不声张"、多属于"暗试",现在的各种试点项目则越来越公开化、更多的是"明试"。这既体现出中国的改革开放和转型历程愈发成熟,同时也是政府越来越走向透明和公开的体现。

当试点工作进展到一定阶段,特别是部分试验点通过一系列工作取得了相应的成果时,还会及时对这些阶段性成果进行广泛的宣传,以突出试验性政策实施后所带来的积极效应,进一步增进社会各界对试点工作的理解和支持,主要手段包括"典型性报道""成果汇报""成果展示会"等。通过将试验点的好成果、好经验"树立"为"典型"和"榜样",是试点过程中经常会运用到的一种宣传和促进手段。如前所述,试点在其发展初期就已广泛采取这一手段来提高对新政策的支持度,其后示范型试点的出现就是受到这一策略影响的结果。典型性的宣传,既是体现对试验点工作的支持和鼓励,亦使试点工作的积极意义"看得见、摸得着",无疑是推动试点工作进程的一种极为有效的方式。

六、评估

评估,即当试验点完成了一个周期的试点任务时,由相关"试点工作小组"对试验点的工作进行阶段性的评估和验收。评估的内容包括设计相应的指标体系,对试验工作开展以来各个试验点的具体成效进行调查分析,从而得出整个试点项目启动以来的总体实施效果,并梳理出所取得的效果和经验,发现存在的问题及原因,为进一步完善相关政策和制度设计提供依据。评估是对整个试点实施过程中的一次"中期小结"或"阶段性总结",并不意味着全部试点工作的结束,其目的在于通过其来推动各个试验点的完善和健康发展,尤其是以为下一阶段的试点推广工作打下基础,提供参考和指南。

每个试点项目因其规模大小的差异性,在评估工作中的重点和策略亦有所区别。对于试验点数量众多且分布广泛的试点项目,一般不对所有的试验点进行逐个调查和测评,而只是通过开展重点抽查的方式,掌握整个试点项目在面上的进展情况。对于试验点数量较少的试点项目尤其是试验区的建设,通常需要对试验点尤其是试验区进行逐个评估和验收,并有一套完整的评估程序以保证考核效果。表3.3中整理出了"国家可持续发展试验区"的评估流程,绝大多数试验点特别是试验区的评估和验收程序和方法大体上也是如此。

试　点

表3.3　国家可持续发展试验区评估流程

Ⅰ	①工作满三年,试验区向省(市、自治区)主管部门提交总结报告和验收申请→ ②省(市、自治区)主管部门组织进行中期检查→ ③提交中期检查报告→ ④通过检查,转入下一试验阶段→
Ⅱ	⑤工作满六年,试验区向省(市、自治区)主管部门提交验收申请报告→ ⑥审核同意,向国家可持续发展试验区办公室提交验收申请和验收材料→ ⑦国家可持续发展试验区办公室组织验收工作组进行验收→ ⑧向科技部提交《验收报告》→ ⑨科技部会等十六部委联合验收评审→
Ⅲ	→验收合格,具备一定条件,可申报"国家可持续发展示范区" →验收不合格,取消其"国家可持续发展试验区"资格

资料来源:科技部直属事业单位中国21世纪议程管理中心网站"国家可持续发展试验区工作流程"(http://www.acca21.org.cn/local/experi/liucheng.htm);《科学技术部关于印发〈国家可持续发展实验区管理办法〉和〈国家可持续发展先进示范区管理办法〉的通知》(国科发社字〔2007〕112号),2007年3月20日。

　　由于试验点情况的复杂性,使得具体实施评估的技术手段也较为多样化,一次评估工作通常会灵活采用定量和定性调查分析相结合的形式进行,具体包括机构调查、入户调查、典型调查、实地考察、听取相关汇报、举行座谈会和发放调查问卷等多种手段。各个试验点也可结合整体性的评估方案,制定本地的评估方案,进行必要的补充调查,开展本试验点的自评估工作,并形成自评估报告,呈报"试点工作小组"及其办公室。

　　为保证评估工作能够如实反映试点工作的真实效果,现在越来越多的评估工作开始被委托给第三方承担。比如,在2006年,卫生部决定对启动于

2003 年的全国新型农村合作医疗试点开展一次评估,作为此次试点工作主要组织方的国务院新型农村合作医疗部际联席会议及其办公室,就将这项评估工作委托给了由北京大学、中国社会科学院、农业部农村经济研究中心和卫生部统计信息中心组成的评估工作组,由其来具体承担和负责评估工作的组织实施。卫生部新型农村合作医疗研究中心只是负责评估工作的具体组织和协调,总体调查资料的收集与汇总。各省、自治区、直辖市卫生厅局合作医疗管理部门也只是负责本地区评估工作和调查问卷填写的组织协调及统一上报。① 该评估工作组于 2006 年 3 月至 7 月对新型农村合作医疗试点县的运行状况进行了全面评估,收集了全国 29 个省、自治区、直辖市 257 个第一批试点县的新型农村合作医疗管理机构、县医院和 238 个乡镇卫生院的机构资料,以及 17 个省 32 个县 19195 户的入户调查资料和 1471 人的补充调查资料,并在 18 个县开展了典型调查,进行了近 500 人次的深入访谈或专题小组讨论。以这些调查为基础,评估工作组指出了试点工作中的 4 项成效和 6 个问题。② 应该说,此次评估对其后新型农村合作医疗试点的推广工作具有较高的参考价值和借鉴意义。

为保证试点工作的质量、强化评估工作的力度,一般还会就评估结果对试验点做出反馈。具体来说,对政策落实到位、取得较好效果的试验点,会给予相应的鼓励和支持,并可能将其树立为典型和示范;而对因主观因素导致

---

① 参见《卫生部办公厅关于开展新型农村合作医疗试点评估工作的通知》(卫办农卫发〔2006〕51 号),2006 年 3 月 23 日。

② 参见"卫生部通报新型农村合作医疗试点评估工作",新华社北京 2006 年 9 月 27 日电。

试　点

试点工作进展缓慢、成效不明显的试验点,会及时提出相应的整改意见,甚至对试验点进行调整和处理。

第二节　由点到面:试点成果的推广

由点到面,是指在第一阶段试点工作的基础上逐步扩大试点范围、并最终完成试点成果的推广,它构成了整个政策试点过程的后半阶段,也即通常所说的"点面结合""逐步推广"。这一阶段的试点工作一般都要经过部署、扩点、交流、总结这4个环节。基于试点的政策实施过程因其强调稳妥的内在特质,即便在前一阶段取得成功后也不会"一步到位"地全面铺开,而是遵循"点面结合、边试边推"的路径。这一策略是经过长期探索和实践而形成的重要经验,也是今后的改革实践在长时期内仍会遵循的基本方略。

一、部署

部署,是指对试点的扩大范围工作进行统筹安排,做好各项前期准备工作。在试点的推广过程中,首先也要完成多数试点都需准备的基础性工作。由于有了第一阶段的试点工作作为基础,因此在开展接续性的试点工作时,能够具备条件和经验将部分工作环节归并到一起进行。

推广试点的部署性工作一般以"扩大试点工作部署会议"的形式开始,会议议程通常包括一是由现有试验点代表就本单位的试点情况和经验进行简要介绍;二是由主要业务部门负责人简要汇报第一阶段试点工作的评估报告,其主要包括试点工作的进展情况、对试点工作的基本判断、对下一步工作的建议等;三是由"试点工作小组"负责人介绍试点推广工作的各项任务,这主要包括提出扩大试点工作的总体安排,确定新试验点的规模及准入条件,对推广过程中的组织领导、实施方案设计、督查指导、宣传动员工作提出具体要求等。

"扩大试点工作部署会议"的召开意味着试点推广阶段的正式启动,紧接着会议所确定的相关事项会在短时期内全面展开。由于有第一轮次的试点作为基础,许多工作已不必再重复,这包括组织机构的建立、总体方案的制订等。同时,以前半阶段的试点工作为参照,推广过程中需要涉及的一些新任务,诸如新试验点的选拔、具体实施方案的制订和审定、任务的分解落实及进行人员培训、宣传动员工作的发动等,都能够在较短的时间内得以完成。

二、扩点

扩点,即增加新的试验点,布置新一轮的试点工作,在第一阶段选取的试验点取得相应的成效后,以其为基础和参考来扩展进行试点的范围。

扩大试验点的方法一般包括"重点扩点"和"普遍扩点"。"重点扩点"是指选择在一些重点地区扩大试验点的范围,"普遍扩点"是指在全国各个地区普遍扩大试验点的覆盖面。出于稳妥的考虑,一般是先进行"重点扩点",而后实施"普遍扩点"。这一方式体现在扩点过程中,就是先选择一定数量的地区或部门作为试验点,而后逐渐转变为选择一定百分比的地区或部门作为试验点。比如在启动于 2003 年的新型农村合作医疗试点中,2003 年全国首批

试　点

启动的试点县(市、区)有 304 个,2004 年增加到 333 个,2005 年增加到 678 个、基本达到了每个地(市)至少有一个试点县,2006 年开展试点的县(市、区)数量占到了全国县(市、区)总数的 50% 以上,2007 年这一比例达到了 80% 以上,2008 年基本实现了对全体农村居民的覆盖。[①] 还有的试点则是将两种方法相结合,比如新型农村社会养老保险试点于 2009 年启动,并在 2010 年进行了扩点,扩大试点的重点地区包括西藏自治区全区和四川、云南、甘肃、青海 4 省藏区县,新疆维吾尔自治区喀什地区、和田地区和克孜勒苏柯尔孜自治州的全部县市,阿克苏市的乌什县、柯坪县及全疆其他边境县、国家扶贫开发工作重点县,全国其他地区则需要普遍扩大试点覆盖面,全国总的试点覆盖范围扩大到 23% 左右[②]。

确定试验点的方式和标准基本不变,新试验点启动和实施试点工作也需经历组织、设计、宣传、督导、总结等阶段。由于有已存试验点的操作经历作为积累,第二轮确定试验点的速率一般都比较高。

三、交流

交流,是指新的试验点与已有试验点之间在工作业务等方面的学习和交流活动,其目的在于为新的试验点学习借鉴先进试验点提供相应的平台和渠

　　[①]　参见"卫生部发布会通报我国新型农村合作医疗试点情况",中央人民政府网站,2006 年 9 月 27 日;"中国新型农村合作医疗将向更多农村推广",新华社北京 2007 年 1 月 23 日电;"新型农村合作医疗基本覆盖全国农村",新华社北京 2008 年 8 月 27 日电。
　　[②]　参见《人力资源和社会保障部关于 2010 年扩大新型农村社会养老保险试点的通知》(人社部发〔2010〕27 号),2010 年 4 月 19 日。

道,从而保证试点的质量、加快试点的进度。这种交流活动一般包括 2 种形式:一是通过展开"试点经验交流工作会"的方式,由试验点介绍做法和经验;二是新的试验点派出专门的组织队伍到典型性、示范性的试验点进行学习和考察。

"试点经验交流工作会"是为在试验点尤其是新旧试验点之间较为集中地交流做法和经验、统一试点工作思路而召开的专门性会议。会议次数根据试点工作的重要性、试验点规模大小的不同而有所差异,一般召开 1 至 2 次,如果试验点数量较多,会议的次数亦会相应增加。比如卫生部为推进公立医院改革试点工作,于 2011 年先后组织召开了 3 次试点工作交流会,包括公立医院改革试点经验交流会(9 月 1 日至 3 日)、公立医院改革试点地区北片工作交流会(9 月 27 日)、公立医院改革试点地区南片工作交流会(11 月 15 日)。由试点工作成效显著的试验点代表介绍相关做法和经验,是交流工作会议议程的重点。

为了能更加深入地了解和体会试点工作中的成熟做法和有效经验,通常还会要求和组织新晋试验点到工作成效显著的试验点进行实地观摩,近距离地学习和感受。作为考察和参观的主要目的场所,从各个试验点中精心选择甚至培养出来的示范点、示范区需要承担传播成功经验、展示试点成效的任务。在试点过程中有意识地建设示范点、示范区的用意就在于此,这也是政策试点术语中"典型示范"的要义所在。

目前,为节省成本、提高工作效率特别是加强交流的效果,常常把"试点经验交流工作会"放在具有典型示范作用的试验点地区召开。这样做的好处

试　点

在于，在交流工作会议结束后，即可直接安排与会代表进行实地参观和考察，将书面经验与实践观摩有效统筹起来，结合具体的操作来对书面性的介绍和总结进行更加生动的说明和展示。比如，文化体制改革试点城市经验交流会曾于 2008 年 9 月 1 日至 2 日、2009 年 8 月 14 日先后在沈阳、南京两地召开，而这两个城市在此次试点中也都被评为"全国文化体制改革先进地区"。[①] 这样就便于把经验交流活动和实地参观考察活动一并统筹进行。

四、总结

总结，是指当试点工作宣告全部结束时，对整个试点工作进行全面回顾，系统地分析整个试点项目的实施和完成情况。各个试验点需要完成并提交试点工作总结报告书，报告的内容包括预定目标、主要任务和各项指标的完成情况，以及所取得的成效，试验点在开展试点过程中的主要做法和经验等。报告提交后，由"试点工作小组"或相关业务部门对这些总结材料进行汇总和整理，并形成整体性的正式文字总结。

总结一般以召开"试点工作总结大会"的形式进行，出席者包括试点工作的主要组织和参与单位的负责人、试点工作领导小组及其办公室成员、试验点代表等。会议内容包括对整个试点过程进行全面梳理和总结，典型试验点介绍和汇报相关经验和做法，并对试点工作过程中成效显著、产生较大的影响和示范效果的试验点以及做出突出贡献的先进个人进行表彰，等等。

---

① 参见"文化体制改革试点城市经验交流会在沈阳举行"，新华社沈阳 2008 年 9 月 2 日电；"全国文化体制改革经验交流会在南京召开"，新华社南京 2009 年 8 月 14 日电。

第四章 "试点—推广"的作用机制

在对试点的一般性步骤及环节进行"平铺直叙"式的线性梳理之后,还需要透过这些外在的具体技术细节,抽象出试点过程的内在逻辑和运作机理,解析展现试点发挥其作用的重要"关节点",准确定位试点能够将改革的创新性与稳定性有机融合的精妙之处所在,也即试点是通过怎样的逻辑轨迹和作用机制来完成政策变迁、实现对改革实践的推动和支持的。

在整个试点过程中,有两个环节最为关键,这就是标志试点工作开始的启动环节和试点成果全面铺开的推广环节,也即试点工作术语中的"先试先行"和"由点到面"。进一步来说,对于试点的启动和成果的推广如何发生、影响它们的外在变量是什么、整个影响过程以何种形式表现出来等议题的研析,有助于充分理解试点运作的内在规律与外在变量。

考虑到政府间纵向关系、横向关系、斜向关系在试点过程中的现实影响力,可以尝试从"中央政府""政策试点方""政策成果学习方"这三者在政策试点和推广过程中的不同行为特征入手,对中央的"推动力"、试验点的"竞争力"、非试验点的"学习力"在整个过程中的复杂互动现象进行一个学理化挖掘,发现并理解试点启动与成果推广这两大环节所蕴含的关键属性。

第一节　试点参与者的行为特征

在全部试点过程中,充满了中央政府与地方政府、地方政府彼此之间的大量互动行为。由于在试点过程中的角色定位不同,中央政府、作为试验点的地方政府与作为非试验点的地方政府在行为特征上各有侧重。① 试点启动与成果推广过程中所表现出来的不同运行机制,实质上就是对中央政府、试验点、非试验点这三个不同功能主体相互之间博弈现象的集中反映。

一、中央的"推动力"

中央的"推动力",是指中央政府对于各个地方政策试点和推广行为的参与和干预程度,中央政府推动地方政策试点和推广进程的力度。在一些情况下,中央政府可能会以直接或间接的方式,对地方政策试点和推广工作的内容和方式提出明确要求,"深度"参与试点行进的整个过程;而在另一些情况下,中央政府可能会对地方全部的政策试点和推广活动采取观察式、旁观式

---

① 这里需要说明的是,中央政府、地方政府做出选择的动机和标准,并不在本研究的讨论范围之内,此处只描述和讨论中央政府、地方政府在这一过程中的行为。

的"不干预"立场。

中央"推动力"的有无和强弱,体现的是中央政府对于地方政策试点和推广工作的认知状况、把握程度和判断结果。中央政府既要在维系整个试点改革局面稳妥性的基本前提下,做到鼓励地方试验点充分发挥出自身积极性和创造性,更要恰到好处地在这一过程中贯彻中央的政策意志和主张,准确地将各个分散试验点的工作导入政策发展的总体方向。中央政府对于这些要素的综合考虑,最终落脚到尽力确保整个试点过程的"可控性"和"弹性"两个方面。

(一)有效确保试点过程的"可控性"

中央政府在政策试点和推广过程中的"推动力",实质上体现了中央层面对于确保试点的"可控性"而所做出的种种努力。试点因其天然的不确定性,决定了中央政府在这一过程中必须牢牢掌控主导权,以"应对"试点过程中随时可能出现的意外状况。

众所周知,试点通常被视为具有降低改革成本、减小改革风险等方面的显著优势,但这些优点并非自动或完全能够发挥出来。同时,更为重要的是,既然是"试",那么随之而来的风险亦不可忽视。因此,进行试点就必然需要有相应的制度性安排对其进行促进和保障。

一项试点要保持顺利运转,特别是取得成功,单单依靠地方政府完全自主性的行动,以及对试点成果的自发推广是难以成行的。试验点的创新行为在出现之初,经常会面临各种阻力,如果任由其发展,不但容易导致创新成果的夭折,还会打击试验点进一步探索的积极性。于是在试点过程中,中央常常会适时出面、表明态度,来鼓励和保护试验点的积极性,并总结提炼出可供推广的经验。进一步而言,来自中央政府的支持和保护往往对试验点起着决定性的作用,其在吸收和推广试验点经验的过程中扮演着"把关者"和"提倡者"的角色。在需要的情况下,中央政府可以为试验点的行为提供合法性支持和回旋余地,甚至可以把未经批准而启动的政策试点项目纳入政策议程。

中央政府具有保护试验点创新行为的意愿和能力,同时也有权制止试点过程中的各种无序行为。各个试验点"求新求异"的探索可能会带来相应的"偏离"行为,如不及时控制,会导致整个试点局面的混乱。于是,出于风险最小化的考虑,中央政府会及时限制和调整这一过程中所可能出现的各种无序行为。试验点虽被授予相应的权限,但并非就是完全放任其随意尝试,或者任其随心所欲地扩大试点范围。当出现偏离预定试点轨道的情况时,中央政府会及时矫正试验点的越界做法。正是由于试点所居于的整体环境总是得到相应控制的,因此风险性的信号或苗头一旦出现,就能够得到非常迅速的纠正。即便因为个别试验点的失误而带来相应的成本支出,但这却很少会导致整个试点工作的全局性失败。① 换言之,在中央政府对试点进程的稳固掌控下,这些局部性的失败并不会带来较大的系统性伤害,当试验点出现失败或失控的趋势时,常常就已经被加以限制或取消。

来自于中央政府的有力且持续的掌控,是推动试点发挥出稳中求变求新效应的关键保障所在。中央政府始终注意把试点工作的主导权牢牢掌握在

---

① See Barry Naughton. "Singularity and Replicability in China's Developmental Experience." *Presentation at the American Economics Association Meetings*, San Francisco, CA, January 3, 2009.

其手中,密切关注并会随时干预试点行进的方向、步骤、时机、速度、广度、深度、形式等。① 通过将随机分布的试验点及其创新选项和及时有效的控制权限结合在一起,从而将地方经验有选择地吸收到政策议程中,正是隐含于试点操作性过程背后的精妙且富有成效的逻辑安排。

(二)有效保持试点过程的"弹性"

从宏观和中观的视角来看,开展试点的战略意图是非常明晰的,就是为了在政策方案正式出台和普遍实施之前,发动试验点去探寻可供参考的经验。但是从微观或技术层面来讲,试点的前景是不确定的,谁也无法预知其可能会带来的结果。更为重要的是,即便是作为试点主导方的中央政府,虽然力图保持对试点过程的有效控制,但显然也不可能具备获知一切的认知能力。于是乎,在产生确定性的判断和选择之前,中央政府的通常做法就是对试验点的行为和做法保持"不回应"的态度,这已成为试点工作过程中的常态。

在农村房屋登记工作法律、法规依据缺乏,特别是农村房屋的流转(转让、抵押)受到严重制约的政策背景下,宣城市于 1997 年开始农村房屋登记工作。2004 年宣城被安徽省建设厅指定为"全省乡镇房屋权属登

---

① See Sebastian Heilmann. "From Local Experiments to National Policy: The Origins of China's Distinctive Policy Process." *The China Journal*, No. 59, January 2008. Sebastian Heilmann. "Policy Experimentation in China's Economic Rise." *Studies of Comparativeand International Development*, Vol. 43, No. 1, Mar 2008. Sebastian Heilmann and Elizabeth J. Perry, eds. *Mao's Invisible Hand: The Political Foundations of Adaptive Governance in China*. Cambridge, Mass.: Harvard University Press, 2011.

试　点

记发证试点单位"，试图将农房流转与交易管理制度化。经过两年小心翼翼的试验，农房流转上的变通之法有力地促进了农村经济的发展。全国各地也纷纷前往宣城学习取经，2006 年 10 月该做法还得到了建设部领导的肯定。2007 年 5 月，宣城市房管局向当地政府提交了一份关于"巩固、扩大农房流转试点经验"的总结报告。约两个月过去了，这份报告还没有得到当地政府的回音。

"是继续搞，还是怎么搞，我们还没得到批示。"在没得到中央政府的充分肯定前，宣城农房流转试点仍然只能是摸索着前进。

——"改革？违法？安徽宣城试点农房流转调查"

《东方早报》，2008 年 7 月 24 日

显然，在试点过程中，中央政府对试验点所经常表现出的"沉默"态度，一直是试验点面临的"难题"。然而，并不能因为试验点暂时性的无所适从而淡化中央政府在试点进行过程中的指导性作用。既然是开展试点、进行探索，在行进过程中遇到瓶颈和阻塞就是很自然的事。中央政府在试点开展过程中的控制性行为导向，只是出于确保试点工作能够顺利进行的机制安排，并非包办一切、化解一切的万能保证。如前所述，将地方试验点的积极探索及其创新选项与中央政府及时有效的控制权限进行充分结合，才是隐含于试点操作性过程背后的精妙逻辑所在。这同时也很好地体现出发挥地方积极性和中央维系全局稳定性之间的辩证作用。

二、试验点的"竞争力"

试验点的"竞争力",是指地方对于试点工作的主动程度、积极程度和努力程度。可以说在试点工作启动伊始,地方之间就充满了各种竞争,角逐的对象包括成为试验点的资格、试点结果的评估等。显然,这种竞争带有一定的"排他性",也即某一地方政府如果通过在试点工作方面的表现,能够获得来自中央政府的褒奖,那么就可能会使其他地方政府失去相同或类似的机会,这些机会包括人事晋升、财政转移支付、荣誉称号等方面。

仅过去 4 个多月,上海代替温州再次挑动个人境外直接投资试点的话题。

5 月 21 日,上海金融服务办公室副主任徐权在公开场合透露,个人境外直投方案已在去年以上海市政府名义上报国务院,目前仍在征求意见汇总阶段。

而在今年 1 月中旬,温州对外贸易经济合作局在对外公布温州市个人境外直接投资试点方案中称,温州争取在全国范围内率先开展个人境外直接投资试点。不过,温州方案之后搁浅。

苏向青透露,国务院已把上海和温州同时列为试点城市。国家外汇管理总局正在征求公安部、商务部及有关涉外部委的意见。"之前这些部委已有过讨论,这次应该很快国务院就能批下来。"

不过,国家外汇管理局上海分局境外投资科工作人员表示,现在个

试 点

人直接境外投资的政策尚未确定。"是否能实施,何时实施,还存在不确定性。"据新华社报道,上海方案中,个人境外直接投资被设计为非金融类的外汇投资。主要投向是移民投资、房地产投资和企业投资。苏向青说,房地产投资是上海与温州两个方案最大的不同。

温州当时公布的个人境外直投方案,投资方式限定为通过新设、并购、参股等方式在境外设立非金融企业或取得既有非金融企业的所有权、控制权、经营管理权等权益的行为。

苏向青介绍,此次温州申报的个人境外直投试点方案与此前相比,并无变化,房地产仍是被限制的投资领域。"相比上海的方案,这样比较稳妥点。"他认为,房地产投资是个人行为,对提升温州整体经济实力和产业转型并无帮助。

温州中小企业协会会长周德文告诉记者,今年1月温州宣布率先推出试点方案时,上海就明确表态要率先推出,两个城市因而形成竞争。他认为,上海作为国家最大的直辖市,更能得到中央及各部委的支持,也许将走在温州前面。

上海与温州因各自的经济特性,对申报成为试点城市的主张也不同。张燕生认为,上海此次申报是因为这是打造国际金融中心城市的举措之一,也与上海对商务环境和资本流动的开放需求有关。而温州,是中国私人资本最充足的地方,民间对跨境资本流动需求也最大,温州的个人境外直接投资若开放,也会更加市场化和个人化。

苏向青说,除了上海和温州,民营企业活跃的沿海城市都想成为个人境外直接投资的试点城市,"深圳就很想进来,但因是经济特区且多与港澳交易,此次未被列入试点城市。"

——"个人境外直投双城记:上海温州竞争试点城市"

《财经国家周刊》,2011 年第 12 期

同时,在一些情况下,各个地方对于试点工作也会呈现出态度各异、截然相反的态度。出于各自的考虑,各个地方对于进入试验点行列,进而开展某项试点工作可能并不"在意"和"上心",或者对于试点工作的专注和投入程度普遍不高。还有一种情形则是,仅有个别或少数地方对于试点工作给予了较大关注、投入和期待,而没有或较少受到来自于其他地方的竞争压力。

深圳作为特区,历来改革都是先行先试,而此次房产税试点,则落后于重庆、上海。据上述消息人士称,主要是深圳自身不想开征所致,报上去的方案相比重庆和上海版本要宽松很多,征收的税率也低些,对房地产市场调控产生不了多大作用。

消息人士还向记者解释了为何不积极的几点原因,第一,不管是地还是房,房价越高,政府获得的财政收入越高;第二,地产商对政府的公关能力太强;第三,过两年再推房地产税,房产税征收的基准价就高了,税收可以收得更多。合正地产一位负责人也告诉记者,地方政府骨子里是反对开征房产税的,因为现在还没明确房产税开征有多少能算入地税。

具体到深圳来分析,这条理由似乎也说不通。深圳近年来对土地财

137

政的依赖已没那么高了，2010年深圳仅卖了7块住宅用地，土地出让金只有46亿。与上海、重庆比，土地收入占财政的比重要低很多。且未来五年深圳可供出让的建设用地平均每年只有十多个平方公里，其中住宅用地比例更是只有几平方公里，能为深圳创造的土地收益也不多。

1月19日下午，许勤面对本报记者表示："房产税前期相应的准备工作，深圳确实是做了些，但我明确告诉你，开征没有具体的时间表，到底离我们多远就不知道了。"

——"房产税试点 深圳不积极自身不想开征"

《华夏时报》，2011年1月22日

三、非试验点的"学习力"

非试验点的"学习力"，是指未展开试点工作的地区，对于试验点地区所取得的试点经验、试点成果的汲取和采纳程度。当试验点的各种工作进行了一段时期后，非试验点地区会根据试点工作的进展态势，并结合自身情况，做出相应的判断，进而在学习借鉴试验性政策的内容构成、速率进度等方面给予不同程度的响应。由此试点工作也迎来了不同的发展路向，有的试点经验和成果得以推广扩散开来，有的则保持着"原地待命"的状态。

上海增值税扩围改革试点从2012年元旦正式启动，该地交通运输业、现代服务业等行业营业税改征增值税。改革试点的主要内容是，在现行增值税17%标准税率和13%低税率基础上,新增11%和6%两档低税率。

本报了解到,过去上海物流行业运输和仓储的营业税税率分别是3%、5%,改为增值税后,上海这2部分的税率分别是11%、6%。

此前国家税务总局货物和劳务税司副司长龙岳辉曾公开表示,现在正式申请或口头申请扩大试点的有10个地方,包括北京、天津、重庆、江苏、安徽、福建、厦门、深圳、湖南、海南等;上海之外的其他扩大试点地区,都将采用和上海试点方案相同的方案。

然而,本报记者获悉,目前重庆、浙江、江苏、广东等地的物流相关协会和部门,经过测算后发现,如果实施上海的运输业试点11%的税率,会大幅增加税负,因此建议延迟申请改革,或者实施更低税率的改革。

其中重庆、江苏、浙江在7月份启动改革的可能性变得渺茫。而天津、广东等尽快实施也不太可能。

重庆物流行业相关人士告诉记者,重庆也可能会暂缓申请营业税改增值税改革,原因是,改革后物流行业的税负是增加的,"与其改革会增加税负,还不如不改。"这位人士说。

浙江尽管已经申请了试点改革,但是已不是全省和全行业实施改革,仅仅选择嘉兴一地物流行业,实施类似上海的改革。浙江财税部门的人士指出,这样做主要是避免上海改革后,物流税收从本地流入上海。

知情人士称,上海实施改革后,在浙江缴税者,可能因为公司注册地改为上海,使得缴税变为上海,这样浙江税收流失。

试 点

浙江改革之所以不覆盖全省,同样是因为发现改革后不单部分增加税负,"还可能会导致地方财政收入下降。"上述人士说。

由于过去营业税主要归地方,增值税中央和地方按照75:25分成,地方由于担心改革后税源减少,为此中央决定上海改革后减少的税源,由中央偿还。

但一位地方人士指出,"省研究部门担心,中央偿还只是权宜之计,难以持续,作为一项改革,从长期看会导致地方税收减少。在目前经济下行压力大情况下,改革带来的财政压力太大。"

江苏省改革时间也暂缓,"江苏申请尽快改革,但最快也要等到明年年初,并且建议实施较低的增值税税率。"知情人士称。

广东物流行业协会近期刚刚完成测算,汇总企业的意见是,很难实施上海的类似改革,该意见已经上报给广东相关部门。

——"增值税扩围试点遇冷 发改委密集调研"

《21世纪经济报道》,2012年6月1日

非试验点对于试验点相关成果的学习,既存在着"有""无"的情况,同时还存在着"主动""被动"的区别。当非试验地区开始学习、尝试来自试点地区的经验和做法时,有可能是出于解决自身发展问题的主动出击,也可能只是按照中央政府要求行事的被动回应;当非试验地区对于试点地区的经验和做法处于"观望"状态时,有可能是自身还未下定尝试新事物的决心,也可能是还未得到中央政府的相应批准。

第二节 试点启动的触发机制

一项试点工作的开始,通常在中央政府的"推动力"、试验点地方政府的"竞争力"这两个因素的交互作用下进行。对于同一个试点项目,中央政府推动力度强弱的不等、试验点地方政府竞争程度的不一,会共同对试点项目的启动形式产生一个综合影响,进而形成四种类型的试点触发机制(参见图4.1)。

		中央"推动力"	
		强	弱
试验点"竞争力"	强	争取	追认
	弱	指定	自发

图 4.1 试点启动的触发机制

资料来源:作者自制

一、强推动—强竞争:争取

争取,是指当中央政府积极推动和主导某一项试点工作,同时各个地方政府也在向中央政府积极竞争具有排他性的试点"资格",如果某一或部分地方政府达到中央政府设置的能够进行试点的各种要求,进而在众多的申请者中"脱颖而出",进入试验点名单,试点工作就得以正式启动。在由"争取"所

试　点

引发的试点项目的启动过程中,中央政府的推动力度和地方政府间的竞争强度都较高。

　　各个地方政府所积极争取的试点政策项目,通常都附有较大的政策、资金等方面的有益条件和优惠,要得到这些优惠条件,需要有中央政府的认可和支持。在确定试验点的过程中,中央政府对于试验点的选择有相应的考虑和倾向,同时各个地方政府也都在通过各种渠道和方式,向中央政府表达进行试点的强烈意愿、展示进行试点的有利环境。中央政府选择试点地区的过程与各个地方政府间争取试点机会的过程交织在一起。面对各个地方政府主体之间的激烈竞争,中央政府需要综合考虑平衡各种因素,来最终择定试验点名单,并宣告试点工作的开始。

　　　　试点就是先行一步,先享受有关政策,没进入试点的,就先等一等。

　　　　"从摸底调查到《规划》批复,时间上看可以说非常迅速,这表明国家对这项工作决心已定。"辽宁省社科院副院长梁启东表示。然而,纳入《规划》并不等于相关政策可以得到落实,各地发改委表示,如果能够进入首批'试点',才意味着真正能够开始享受政策。

　　　　据媒体报道,今年上半年国家将启动首批试点基地,分年度、分批、分步对各老工业区给予政策支持。4月上旬,各地市将老工业区的试点方案由当地政府上报国家发改委,经国家评审通过后,国家将落实四个方面政策支持,支持各地开展老工业基地改造工程。

　　　　"《规划》出台后,纳入《规划》当中的城市还要有试点,试点的范围不是整个城市,而是城市当中的某一个区域,也即是该城市中的某一个老工业区拿出来试点,搞试点的意思就是第一步不能全面铺开;资金方面可能也是问题,国家不能一下拿出这么大一笔钱解决老工业基地的所有问题,先小范围地做试点,同时国家根据试点的情况再扩大范围。"辽宁省发改委东北振兴处处长宁国光表示。

"纳入《规划》名单的老工业基地,全国涉及 27 个省市区,但也不可能就每个地区设一个试点,均摊也不现实,那样就太多了。"宁国光表示,试点的确定肯定还是要经过国家的筛选,选来选去,有很多地区可能也会没有试点。

与此同时,地方主管部门均对首批进入调整改造试点感到难度很大。

"这个试点,我们也在争取,但能不能争上不知道。"黑龙江省发改委东北振兴处处长杨安表示,"如果是在东三省范围内,可能还好争取些,但现在面向全国就不是特别好争取了。"

"试点就是先行一步,先享受有关政策,没进入试点的,就先等一等。"宁国光表示,因此,对于试点,哪个地区都会争,都希望成为首批试点,但是首批列进去难度相当大。最终还是得听国家的选择。

据了解,目前各地的老工业基地改造的试点方案基本已编制完成,各地希望能尽快通过审核,上报给国家发改委,以争取成为首批试点的时间。

——"老工业基地改造全面铺开 各地争夺首批试点"

《中国经营报》,2013 年 4 月 13 日

试　点

二、强推动—弱竞争：指定

指定，是指中央政府在明确了政策试点的内容和目标后，直接指定某一个或某一些地方政府开展试点工作。在由"指定"所引发的试点项目的启动过程中，中央政府的推动力度较高，而地方政府之间的竞争强度则较低一些。

通过中央政府指定来实施的政策试点项目，往往具有一定的难度和挑战性，试点的前景、收益不甚明朗，使得地方政府主动要求进行试点的积极性不足，顾虑较多。被指定开展试点的地区，虽然也可能会得到中央政府一定程度的政策关照和倾斜，但其不足以充分克服试点工作本身的不确定性和难度。这一状况使得很多地方政府对于相关试点项目"望而却步"，主动参与试点工作的积极性不够高。同时，对于风险度、敏感度较高的试点项目，中央政府也更为谨慎一些，不轻易接受地方政府进行尝试的主动请求，而是在充分确信和确定相关地方政府主体的确符合各种条件之后，才会采取行政指令的方式，将试点任务"下派"出去。

到了 2006 年，高淳县 8 个乡镇的试点全面展开也就顺理成章。时任高淳县组织部长的孙朝晖告诉《中国新闻周刊》，"高淳的那个试点是中组部指定的，那时候李源潮部长还在江苏当省委书记，他到中组部去汇报，然后中组部就指定在江苏两个县进行试点，李书记就定下来苏南和苏北各选一个点，进行试点，苏南选了高淳，苏北选了仪征。"

孙朝晖坦言，那一年高淳试点，已是当时规模最大的试点，"一开始做的方案还不是书记直选,因为这个跟当时的党章规定有冲突,第一轮方案做完以后,李源潮看完,觉得探索的步子太小了,又到中组部建言,试点可以适当地有些探索性,后来中组部特批,同意进行镇党委书记的直选。"

——"南京:中共党内民主尝新"

《中国新闻周刊》,2010 年第 21 期

三、弱推动—强竞争:追认

追认,是指某些地方政府在完全自行实施某项创新性政策并取得相应的成果后,通过相关渠道和方式,得到了中央政府的关注,进而这些政策创新活动被中央政府所认可,将这些地区列为试验点,并同时开始在其他地区进行该政策的试点工作。在由"追认"所引发的试点项目的启动过程中,中央政府的推动力度较低,而地方政府之间的竞争强度则较高一些。

8 月 4 日,国新办新闻发布会上,人力资源和社会保障部副部长胡晓义说,国务院常务会议审议并原则通过了《关于开展新型农村社会养老保险试点的指导意见》,目前正在征求各省的意见。预计将在"十一"前启动。

据其介绍,"新农保"将采用个人缴费、集体补助和政府补贴相结合的筹资渠道;另外,"新农保"的支付结构分为两部分:一部分是基础养老金,一部分是个人账户养老金;而基础养老金是由国家财政全部保证支

付的,即中国 60 岁以上农民,都将享受到国家普惠式养老金。

而这个"新农保"方案,正是参考了"宝鸡模式"。

"《指导意见》(征求意见稿)基本上和宝鸡的试点方案模式一样。"宝鸡市劳动和社会保障局农保处副处长吴耀秦说。

其实,从 2007 年开始,国家人力资源和社会保障部曾派人多次到宝鸡调研,对"宝鸡模式"给予了充分肯定。

"宝鸡地处西部,经济发展在陕西处于中等水平,在财政不宽裕的情况下成功推广新农保,更加坚定了国家在全国推广新农保的信心。"吴耀秦说。

而宝鸡在发展"新农保"过程中所面临的问题及其解决办法,也将为全国其他地方推广这一新型农村养老保险提供前车之鉴。

——"国家新农保借鉴宝鸡模式 参保热情超出想象"

《华商报》,2009 年 8 月 14 日

对于自行开展政策创新的地方政府而言,它首先需要在没有获得中央政府政策倾斜和各种外部支持的情况下,自主设计新型政策方案并成功实施,接着地方政府的政策创新成果还要能够得到中央政府的认可,尤其是具备可以在其他地方继续实施的必要性和可行性。同时,地方政府在开展创新并获取中央政府认可的过程中,还可能面临彼此之间的政策创新竞赛,尤其是各个地方政府对于相似甚至同一政策目标的追求,会不可避免地带来一定程度的竞争。

据新华社消息,2009 年中央一号文件 2 月 1 日发布,再度锁定"三农"问题。提出要推进"省管县":"推进省直接管理县(市)财政体制改革,将粮食、油料、棉花和生猪生产大县全部纳入改革范围。稳步推进扩权强县改革试点,鼓励有条件的省份率先减少行政层次,依法探索省直接管理县(市)的体制。"

目前各地试行的"省管县"主要有两种模式,一种是注重财政体制突破的浙江模式,一种是重视行政体制突破的海南模式。

此次中央一号文件提出:"逐步提高县级财政在省以下财力分配中的比重","推进省直接管理县(市)财政体制改革",表明中央目前探索的省管县体制是参考浙江模式,首先在财政体制上突破,扩大县级政府财政权限与经济管理职能,实行上财政体制上的"省管县"。

浙江省发展和改革研究所所长卓勇良的研究显示,1992 年至今,浙江已连续四次出台政策,扩大一部分经济比较发达县级政府的经济管理权限。

在省管县改革中,浙江模式是不少地方借鉴的蓝本。在其他省份所推行的省管县改革,大都遵循这样的路径:从经济管理切入,向县级政府下放经济管理权,强县扩权,推行省管县的财政改革,而进行试点的县多数是经济实力较强的县。

——"中央一号文件提出省管县 参考浙江模式突破财政体制"

《南方周末》,2009 年 2 月 2 日

试　点

四、弱推动—弱竞争：自发

自发，是指个别或少数地方政府为解决自身发展过程中遇到的各种问题，自行开展某一项或某一系列的试点工作，且这些试点政策仅仅在本地区实施。在由"自发"所引发的试点项目的启动过程中，中央政府的推动力度和地方政府间的竞争强度都较低。

一场反保险欺诈风暴已在东莞启动。东莞保险行业协会人士昨日表示，作为广东省乃至全国首个反保险欺诈的试点地区，东莞市政府正积极指导和推动这一行动，东莞市常务副市长冷晓明亲任组长，本次反保险欺诈行动将持续三年半。

东莞保险业将在此次行动中，探索积累经验。东莞有关部门希望至2013年东莞保险市场成为全国保险业安全运行模范区，广东省保监局人士表示，东莞先行试点情况将推动全省保险业反欺诈工作，保监局亦会出台反欺诈的政策措施，并鼓励反保险欺诈的保险服务机构成立。另外作为保险欺诈频发区的车险市场，全省车险信息平台有望在10月上线，届时全省财险公司将共享车险违规机构、从业人员和恶意客户等的数据库。

——"广东整治保险欺诈　东莞成全国首个试点"

《南方都市报》，2010年9月20日

地方政府在本地区自发开展实施的试点活动,其初衷基于推进地方建设和优化本地治理。正是由于这一显著的"本土性",在绝大多数情况下,地方"自发"实施的试点政策,既具备充分的针对性,还拥有较大的探索空间。从发展逻辑来看,地方的自发性试点行为所取得的进展和成果,不但对于自身发展有所助益,同时还可能被中央政府所"追认",进而转入新的试点轨迹,对其他地方乃至全国性的改革议程提供有益的参考。纵观中国各个领域的改革,来自地方的自发性试点探索源源不断地为整个改革事业提供新想法、新方案和新样本。正是在这个意义上而言,地方的"自发"试点行为,构成了中国政策变迁与制度演进的实践根基。

第三节 成果推广的发生机制

当试点工作进展到一定阶段和程度,便会涉及试点成果的推广事宜。在试点成果的推广中,首要的一点是如何判断和取舍产生于试验点工作中的各种成果。中央政府、非试验点地方政府对于试点成果的不同态度及行为,都会投影到试点推广过程中,从而使得推广工作产生不同的走向。试点成果推广在表面上的水平扩散形式,实质上要受到政府间关系的结构性约束。在可用于推广的政策方案的具体选择、推广的范围界定及时间进度等方面,中央政府"控制力"、非试验点地方政府"学习力"之间的互动,会对其产生一个复合影响,进而形成四种类型的成果推广发生机制(参见图4.2)。

试　点

		中央"推动力"	
		强	弱
	强	辐射	扩展
非试验点"学习力"			
	弱	应付	观望

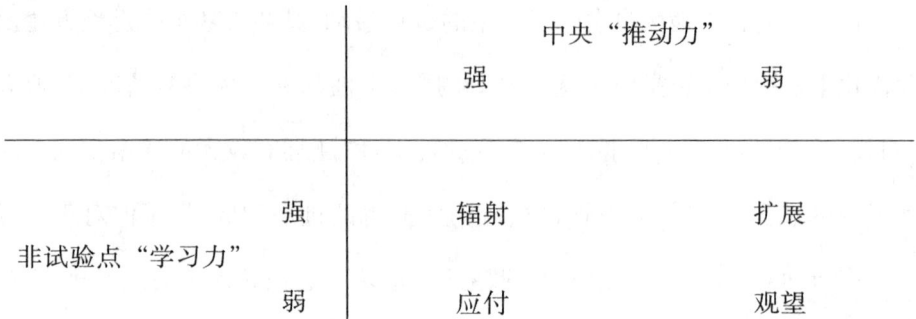

图 4.2　成果推广的发生机制

资料来源:作者自制

一、强推动—强学习:辐射

　　辐射,是指中央政府完成了对于试验点工作成果的梳理和整合后,渐次将新的政策方案推行到全国各个地方,同时非试验点地方政府也在积极学习实施来自试验点的新政策方案。各个试验点通过试点所形成的新政策方案,首先都需要经过中央政府自下而上地择选,并经过相应的整合后,再自上而下地被逐渐"辐射"到更大的应用范围中(参见图4.3)。对试点成果进行"辐射"式的推广,是试点中最为主要的一种推广形式。在"辐射"式的试点成果的推广过程中,中央政府的推动力度和地方政府的学习积极性都较高。

中　央

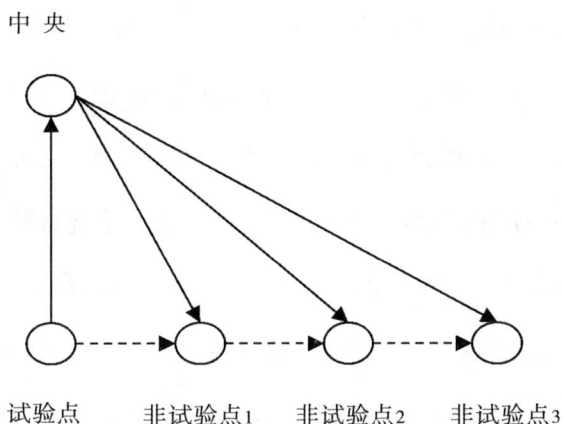

试验点　　　非试验点1　　　非试验点2　　　非试验点3

图4.3　"辐射"的简略示意图

资料来源:作者自制

在对试点成果进行"辐射"式推广的过程中,中央政府发挥着"把关者"和"仲裁者"的角色。形成于地方政府局部性试点中的政策方案,在被应用到更大范围之前,首先都需获得中央政府的认可,抑或是中央政府至少不会产生"明确"的反对意见。这是大多数试点成果能够得以推广的最基本条件。这些新的政策选项只有被中央政府所"采纳",并进行相应的整合和调适,才能获得进一步进行乃至推广的"许可"。虽然现实中也经常存在着某些试点成果尚未经过中央批准,而从试验点"自发扩散"到其他地区的情况,但这也只是中央政府的一种暂时的"默许"行为,在必要的时候,中央政府完全有能力干预这一扩散进程,或是中止或是顺势推动。

待中央政府完成了对试验点政策成果的重新整合后,就开始进行"辐射"式的推广。对于来自局部试点的新的政策选项,中央政府通常不会一蹴而就

试 点

地将其全面铺开,而是采用"辐射"式的方法来推行,自上而下地对旧有政策进行逐步替换和更新。通过这一方式,中央政府可以灵活掌握推广的范围大小、进度安排等,从而使得新政策的整个推广过程具有一定的"节奏性"。尤其是中央政府能够在推广过程中一直密切关注新政策施行的实际效果,进而反复地梳理和整合产生于政策推广过程中的经验得失,对原有方案进行不断修正和调整,评估政策实施的效果以适时调节实施的速度和广度,加快、放缓或中止这一过程。因此,整个"辐射"过程并未完全遵循线性的发展轨迹,在其间还存在着复杂的往复循环和互动。

在中央政府积极推广实施试点成果的同时,非试验点地方政府对于试点成果也表现出较高的学习兴趣和接受程度,很快就将新政策方案施行于本地区。这样整个试点成果的推广过程能够得以快速、顺利地完成。

2002 年 10 月,党中央、国务院颁布《关于进一步加强农村卫生工作的决定》,提出了建立新型农村合作医疗制度(以下简称"新农合")的任务。胡锦涛总书记、温家宝总理高度重视,多次作出重要批示,为新农合的试点工作和全面推进指明了方向,提出了明确要求。国务院成立了以吴仪副总理为组长的新农合部际联席会议,在吉林、浙江、湖北和云南四个省进行试点,并陆续在全国开展试点工作。从 2003 年到 2007 年,国务院连续四次召开全国新型农村合作医疗(试点)工作会议,统一思想,明确目标,部署工作,积极推进新农合制度健康发展。四年来,在各级党委和政府高度重视和正确领导下,各有关部门通力合作,广大农民群众积极参与,试点工作积极稳妥地推进。中央决定,从今年开始新农合制度建设由试点阶段转入全面推进阶段,2007年新农合覆盖的县(市、区)要达到全国县(市、区)总数的80%,2008年基本覆盖全国所有县(市、区)。据统计,截至2007年6月30日,全国开展新农合的县(市、区)达到2429个,占全国总县(市、区)的84.87%,参加合作医疗人口7.2亿,占全国农业人口的82.83%。全国新农合制度运行良好、成效显著,受到了广大农民群众的欢迎和社会各界的好评。

——"2008年新型农村合作医疗制度基本覆盖全国"

新华社北京2007年9月15日电

二、强推动—弱学习:应付

应付,是指面对中央政府扩大试点范围的要求,地方政府学习实施新政策方案的主动程度、积极程度不够高,只是出于服从中央政府的指令而进行被动的应对。在"应付"式的试点成果的推广过程中,中央政府的推动力度较高,而地方政府的学习积极性则较低。整个试点成果推广过程的节奏比较缓慢,试点成果在非试验点地区的执行质量不够高,甚至流于形式。

实际上,地方政府对推进房产税并不积极。一方面是体制因素,因为目前税制仍是大集中制,是否要开征一个新税种的权力在中央。另一方面,开征房产税显然对地方楼市会带来一些负面影响。

试　点

　　导致地方政府不积极的另一个原因是,目前的试点城市上海和重庆不太愿意"分享改革经验",且从试点的实践看,效果不一,而市场和学术界更推崇"上海模式"。

　　此外,对可能试点的地方而言,因为不同于已有试点城市,考虑到其所在的区域经济和性质,对何种性质的房屋征收也是一个矛盾。

　　对增量下手,不利于非北上广渝等城市房地产市场的自然成长,对存量下手,又会影响到实际需求,与住房的民生呼声背道,都不是地方政府愿意看到的。

——"房产税试点 地方政府消极应对"

《21 世纪经济报道》,2013 年 5 月 30 日

三、弱推动—强学习:扩展

　　扩展,是指在中央政府还未对试验点的工作做出明确表态、对试点成果未做出最终评判的情况下,部分非试验点地方政府就已开始主动学习和积极实践来自试验点地区的政策成果,试点成果从而由试验点地区水平扩展到部分非试验点地区。在"扩展"式的试点成果的推广过程中,中央政府的推动力度较低,而部分地方政府的学习积极性则较高。整个试点成果推广过程的节奏处在一个适中的水平。

　　从 2009 年初新疆阿勒泰宣布实行官员财产公示,到近日广东纪委宣

布将选择两个县区试点官员财产申报公开,我国官员财产公示制度的地方探索,已有 4 年之久。记者调查发现,最初推行官员财产公开试点的几个城市,既有始终稳步推进者,也有半途止步者;大量的试点始于 2011 年,仍在谨慎探索中。

记者根据公开资料不完全统计,2009 年至今,我国已有 29 个市、县涉及官员财产公开试点改革,有的已归于平息,有的仍在探索,有的还在谋划中。其中除新疆阿勒泰、浙江慈溪、宁夏银川、湖南浏阳等少数几地外,多数试点始于 2011 年。

29 个市、县中,其中地级行政区有 6 个:新疆阿勒泰地区、重庆市黔江区、重庆市江北区、宁夏银川市、江苏淮安市、广州市南沙新区。县一级有 23 个:浙江慈溪市、象山县、桐庐县、磐安县,湖南浏阳市、湘乡市,安徽庐江县、青阳县,江西黎川县,宁夏青铜峡市,江苏宿迁泗阳县、泗洪县、宿豫区,江苏无锡北塘区,辽宁锦州古塔区,湖北荆门掇刀区,广东佛山顺德区,江苏徐州贾汪区、镇江丹徒区、南京江宁区,四川高县,广东珠海横琴、韶关始兴县。

从新一轮试点情况看,试点城市大有遍地开花之势,但大区域则主要集中在东部沿海,尤其是江苏、浙江和广东。

——"财产公开试点:或止步或低调行进"

《京华时报》,2012 年 12 月 13 日

试 点

四、弱推动—弱学习:观望

观望,是指中央政府、非试验点地方政府都没有对试验点的工作成果表现出明显的推广或学习意向,而是保持继续关注的态势。在"观望"式的试点成果的推广过程中,中央政府的推动力度和地方政府的学习积极性都较低,试点成果的推广进度极为缓慢,甚至停滞不前。

这是专家眼中最有前途的政策,也是最市场化的一项产品,但试点六年,却频频遇冷。

实际上,早在2007年,环境险试点已在全国铺开。环境险又被称为"绿色保险",是以企业发生污染事故对第三者造成的损害依法应承担的赔偿责任为标的的保险。

然而,试点六年间,推广困难重重,个别试点省份甚至至今没有一起理赔案例,也有人开始揣测"环保部门推动环境污染责任保险是替保险公司赚钱"。

对于实施什么样的规则,如何推广,全国没有统一的时间表和标准。地方政府一直在等国家出规定和细则。

国家没有基础研究,没有统一标准,地方推广是很难的。

在设计时就考虑过面临的困难,但这是系统性问题,现有配套规则不够,所以一直在试点,也希望从一些地方得到经验,只能在试点中摸索前进。

第四章　"试点—推广"的作用机制

2007年起环境污染责任保险开始试点，一做就是七八年。当时是试点，现在还是试点，国家没有把它作为"全面日常工作"推广下来。

——"环境责任险：最有前途，为何遇冷六年"

《南方周末》,2013年5月24日

出于方便理解的考虑，本书将复杂的试点现实进行了相当程度的简化和压缩，进而从政府间关系对于"试点—推广"过程的结构性影响入手，阐释了试点开始的触发机制、成果推广的发生机制的类型划分和运作机理。同时，还需要指出的是，在丰富的试点实践中，中央政府、试验点地方政府、非试验点地方政府之间的互动行为往往是交叉重合进行的。在政策转变和制度转型的历程中，各个参与主体的行为特征交叠展现，使得"试点—推广"经常以多种类型相交叠的复合作用机制开展运行，并穿插于整个试点过程中。

第五章　试点的实然效应

从出现到发展至今,试点在治国理政的各项实践活动中展现出了经久的生命力,同时其在当前运行中仍体现出相当强度的活力。这些都在昭示着它存在于中国治理过程中的稳定性与持续性。作为全方面认识试点的客观需要和必经阶段,透视和解析试点这些特性的形成缘由,确定其在中国整个政府与政策体系中的"归属点",或许会成为理解试点的逻辑定位并判断其未来发展状况的一个有效视角。

试点之所以能够长时期地保持着稳健的活动状态,要归于其在中国的政治生活中,尤其是在改革开放以来的大量政策实践中扮演着特定的角色,施展出一系列实然性效应。这包括它既对制度变迁及政策调整过程中的"内容供给"有着相应的贡献,同时又为确保整个过程稳步前行而提供了重要的"形式保障"。

第一节 要素整合:试点的工具效应

试点自产生伊始,就与中国经济社会的转型特别是改革开放进程紧密交织在一起。中国的经济社会转型在制度探索方面的特点集中体现为"要素整合",而试点正是作为致力于实现"要素整合"的基础性方法论工具,被运用到整个改革事业中。在需要探索新制度、新政策的各个领域里,试点密切配合相关改革议程,为其源源不断地提供内容支持。

一、"要素整合"的内涵

要素整合,是中国的经济社会转型在制度变迁及创新方面所遵循的基本思路和前进轨迹。具体而言,它是指基于务实且有效地服从、服务于改革事业这一出发点,对来自现有制度架构的内外、上下等多个渠道的各种各样的要素进行广泛吸收、重新排列组合,并在此基础上形成新的政策选择、制度方案,进而运用到相关改革领域中。

"要素整合"可以说是中国推进自身转型特别是改革开放进程的中观层次的指导思想,为改革事业提供了体现时代性、把握规律性、富于创造性的理论和实践指南。对于如何推动中国的经济社会转型,中国共产党和中国政府本着对人民、国家和历史高度负责的态度,在综合考虑了方方面面的因素之后,慎重地选择了一条温和型的经济和政治体制改革道路,强调在实践摸索中逐渐进步而不是"一步到位"。在决策思想中根深蒂固的实践传统、转型战

试 点

略中所秉承的渐进主义、各地方各部门的自然和历史条件具有天然或后天造成的差别等因素的综合作用下,中国的改革开放从未全盘引进过来自域外的现成方案,更不会相信存在着任何"放之四海而皆准"的标准化理论。[①] 相反,中国尽己所能地发掘、汲取来自于各个方面的合理成分,对它们进行梳理和整合,条件允许的话,还把其中的一部分放置到实践中进行尝试,接着通过观察经过现实检验后的各种反馈,来决定如何具体开展制度变迁和创新。这既充分体现了中国共产党和中国政府,特别是改革开放以来的中国共产党和中国政府,在掌控经济社会转型节奏和规避风险上极为审慎的一面。同时,它也是中国政府决策和施政活动中能动性、灵活性的集中体现。

进一步而言,"要素整合"的核心思路在于:一是强调新理念、新方案在来源上的广泛性;二是强调这些新要素对于自身的适用性,这其中又主要是以实践检验来作为取舍的依据。

(一)来源上的广泛性

"要素整合"首先是以对来自各个方面、各个视角的不同内容所秉承的开放性和包容性为主基调,尽可能地汲取到能够为我所用的一切成分。在几乎所有的改革领域中,中国都愿意从内外部的各个渠道里寻求到有益的因素,并把它们应用到改革实践中。在这一谨慎的渐进过程中,一个"兼收并蓄型"

---

① 参见王绍光:"学习机制与适应能力:中国农村合作医疗体制变迁的启示",《中国社会科学》,2008 年第 6 期。

的国家逐渐形成。①

在"要素整合"这一思想的指导下,中国的经济社会转型自然不会仅仅依靠某一具体的理论和学说,抑或一口气采用某些"一揽子方案",当然也更不是一味重视实践经验而不看重理论指导。它是着眼于把来自域外的理论主张与已有经验,以及产自本土的实践探索和创造一并统合起来,共同为改革事项提供可能的理论参考和支持。在坚持从中国实际出发这一基本理念的前提下,"要素整合"强调采取务实的态度和脚踏实地的原则,一方面充分利用域外的一切先进成果,理性地参照别人的经验、吸取别人的教训,另一方面它也注意吸收并鼓励本土的探索和创意,使得改革始终保持着对现实国情的高度关照。

(二)现实中的适用性

"要素整合"的第二个关键,同时也是中国经济社会转型的一个要义在于:在积极、广泛地吸收相关要素的同时,也清醒地认识到,任何理论和经验都只有参考的价值,它们都还必须契合于中国的现实环境、满足真正的需求,并经受实践的检验。② 绝大多数情况下,需要对各种要素进行反复比较、鉴别,有所取舍,并重新将其"排列组合"。

要将广泛汲取而来的各种要素"物尽其用",就必须使它们能够真正适用

---

① See David L. Shambaugh. "Introduction: The Evolving and Eclectic." in *The Modern Chinese State*. David Shambaugh ed. , New York: Cambridge University Press, 2000, pp. 1 – 14. David Shambaugh. *China's Communist Party: Atrophy and Adaptation*. Berkeley: University of California Press, 2009, p. 181.

② 参见马德普:"渐进性、自主性与强政府——分析中国改革模式的政治视角",《当代世界与社会主义》,2005 年第 5 期。

于中国的改革情景。这既是衡量要素整合程度的基本标尺,也是"要素整合"的最终目的所在。这需要开展一系列的理论和实践工作,以使各种异质性的要素尽可能地相容而不致排斥,使之前彼此独立的要素尽快产生联系和相关性,把各个分散存在的要素尽量以结构化、整体性的形式呈现出来。而用于整合它们的载体和平台,抑或说"过滤器",主要就是以在现实环境中的具体适应程度、实际应用效果为准。

可以说,"要素整合"构成了中国的经济社会转型在制度探索和创新方面的一个根本性特征。概括而言,贯穿于中国转型道路的一条主线就是:在"实事求是"这一战略思想和改革总体观的指导下,本着"实践是检验真理的唯一标准"和"摸着石头过河"的原则来不断地对各种要素进行有效整合,致力于将传统经验与现代方法、外来方案与本土实践、理论设计与实际探索中可以为我所用的积极成分有机地结合起来,反复进行理论再加工、再创造,并重新回到实践、指导实践。

二、试点是实现"要素整合"的基础性方法论工具

要致力于实现"要素整合",可以也需要从多个方面着手,包括广泛地开展学习、借鉴和尝试等,并由此产生了一系列的方法和形式。在这其中,试点是践行"要素整合"的基础性方法论工具。

试点既是一种具体的改革方式和手段,更是中国在制度转型中所运用的一种"大方法论"。在指向于实现"要素整合"这一目标的过程中,试点充分地体现出了自身的工具性效应。无论是一直以来对于基层实践和群众首创精

神的反复强调及吸收,还是改革开放之后对域外经验和本土实践的"兼收并蓄",开展试点无疑都是这一过程中最为理想的载体和平台。

对于群众的各种创造,必须经过试验,逐步推广。

——《国务院政府工作报告》

1964 年 12 月 21 日

兴办深圳、珠海、汕头、厦门四个经济特区是对外开放的重大步骤,是利用国外资金、技术、管理经验来发展社会主义经济的崭新试验,取得了很大成就。

——《中国共产党第十四次全国代表大会报告》

1992 年 10 月 12 日

把社会主义同市场经济结合起来,是一个伟大创举。这就需要积极探索,大胆试验,尊重群众的首创精神。

——《中国共产党第十五次全国代表大会报告》

1997 年 9 月 12 日

任何一项试点项目的实施过程,其实就是一个不断挖掘、整理和重新组合各种要素的过程。通过多样化的试点类型及方法,既可以对来自方方面面的制度要素进行具体的实践性操作,观察这些制度要素在现实中运行的效果,以决定其是否能够为我所用及如何有效地使用;也可以在局部地区和领域内,就某些特定的改革议题先行开展改革探索和制度创新,挖掘和开拓其

试　点

他新的制度要素。新的政策方案在得到全国性的推行之前,要先被放到多个地区或部门检验其实际效果,这种"先试先行""由点到面"的方法自改革开放以后一直就被当作新政策和新制度的试金石。[①] 中国的经济社会转型和一系列改革并未盲从于国际上所谓具有普遍适用性的标准化改革方案,而是在面对经济社会环境变化等因素所造成的不确定情景时,通过不断地进行试点而不断"试错",比较不同的政策方案,最终找到未必最佳,但却是最适宜于自身的制度选择。

进一步而言,基于试点对各种要素进行整合,包含着体制内外之间、中央指导与地方实践之间同时互动两条线索。其一,中央政府通过试点充分吸收、采纳来自域外的理论成果,借鉴典型国家的先进经验,并根据试点的情况来对域外理论进行相关的修正和整理,从而推出新的政策方案;然后再通过地方政府的试验性实践来检验新政策的效果,并最终推出适合于本土的政策版本。其二,中央政府通过鼓励和推动基层的首创精神,来挖掘自身内部的创新性潜力,由地方政府在实践摸索中自发形成一些较为有效的改革模式的雏形;紧接着,由中央政府对它们进行评测之后,再决定是否进行进一步的试点和推广,以最终引导相应全局性政策的出台。改革开放以来的多数政策调整基本上都是沿着以上两条路径中的一种或全部而一步步达成目标的。典型的如国有企业的改革历程,国有大中型企业改革中的相关试点主要以吸收采纳来自典型国家的相关理论为主,例如股份制试点、现代企业制度试点等,

---

① See Sebastian Heilmann. "Policy Experimentation in China's Economic Rise. " *Studies of Comparativeand International Development*, Vol. 43, No. 1, Mar 2008.

而国有中小型企业及个体经济、乡镇企业、私营经济和三资企业的改革与发展过程中的相关试点主要是由体制内部的地方实践推动的。[①] 来自域外的"洋理论"和自身所谓的"土办法"正是通过这样的一个过程和方式被统合、应用于治国理政的实践中。

三、实现"要素整合"的前提条件及其对试点的影响

"要素整合"这一目标导向的实现,需要有相应的前提条件才能实现,并非想整合就能够整合,更不是意味着能够整合一切。而作为服务于实现"要素整合"的基础手段,对"要素整合"的影响条件自然也会传导至试点中。这主要反映在试点的内容和方式这两个方面。

(一)体制的兼容能力

要实现"要素整合",首先需要的是体制对各种要素具备一种"兼容能力",也即接纳并允许各种要素存在的能力。作为致力于实现"要素整合"的基础性形式,试验点要进行多样化的实践探索,其先决条件是要能够被中国的体制所"允许"和"接纳",这是它能够得以出现的前提。[②] 同时,既然体制的"兼容能力"构成了"要素整合"的基本前提条件,它当然也就会进一步影响到试点的内容及边界。

进一步而言,体制的"兼容能力",是指在坚持根本性的制度框架和自身

[①] 参见邹东涛主编:《中国经济发展和体制改革报告:中国改革开放 30 年》,社会科学文献出版社,2008 年,第 356 页。
[②] 参见王绍光:"学习机制、适应能力与中国模式",《开放时代》,2009 年第 7 期。

试　点

特色这一"基本面"不变的前提下,整个体制"有机地"同时容纳不同制度性要素且使之可以并行运转的能力。"兼容能力"的存在使得在体制内部运行、培养与已有政策相异甚至完全抵触的新制度、新政策成为可能。体制所能够"兼容"的要素的内容也就是可以进行整合的内容,特别是可以进行试点的领域。在这些特定领域内,试点被"允许"进行不同于现行体制的全新探索和创新。

体制的"兼容能力"为试点的广泛开展提供了运行载体和基本内容,这使得中国的制度变迁与创新呈现出显著的"内源式"特征,整个体制在改革过程中以吸纳内部的、分散形成的新探索和新方案的方式来进行整体的"自我更新与升级"。同时,体制的"兼容能力"还使得政策在诸多方面可以"双轨"甚至"多轨"运行,制度的新旧、改革的缓急等可以并行不悖。因此,在一些新政策的推行上,还可以通过采取分类指导的策略,分步推进那些准备在全国推广的改革措施。

体制的"兼容能力"既然决定着开展试点的内容,相应地它也限定着试点范围的大小及边界。任何"兼容"和"开放"都是有限度的,都不可能达到无节制的"放开"。它一方面允许甚至鼓励试点和探索,另一方面也不允许每一个领域都可以进行试点,能够开展的试点也不可以随意扩大范围。兼容能力的这一关键属性使得试点是一种有计划并受到控制的活动。它是在限定的领域内、在可控的范围内"大胆探索",绝不是完全放任和随心所欲的。实践操作过程中有的领域是不允许试点,有的领域是默认试点,有的领域则是鼓励试点,其主要原因就在于此。

通过观察体制的"兼容能力"随时间演变及其受政治系统影响的情况,还可以进一步揭示出试点能否进行及内容演变的深层次机理。在不同时期"兼容能力"所可以兼容的要素发生变化,会影响政策试点内容和边界的变化,这可以用来进一步解释和分析政策试点内容的历时性发展过程。特别是上级政府与试验点之间对于体制"兼容能力"的内涵及其属性认知的不一致性,带来了两者对某一试点活动时而态度一致、时而相矛盾的结果。

(二)体制的整合能力

除了体制的"兼容能力"之外,要确保"要素整合"的实现成为可能,还需要体制对各种要素具备一种"整合能力",也即对存在着的各种要素进行重新加工和组合的能力。同时,这种"整合能力"会进一步影响到试点的类型及方式。

所谓体制的"整合能力",是指对存在着的各种制度性要素进行鉴别和选择的认知能力,以及将选择而来的相关要素进行系统分析和总结,并且把它们进行重新加工和组合的能力。一项改革实践能否成为试点项目,主要取决于体制的"兼容能力",它体现的是试点工作的"可行性"问题;而试点工作本身能发展到何种程度,则有赖于体制的"整合能力",它体现的是试点工作的"绩效性"问题。

由于体制所能够"兼容"的要素的内容就是试点可以进行的领域,相应地其所需要"整合"的对象基本上就是来自形成于试点中的政策方案。中国的体制架构对各种要素所具有的"整合能力"是试点作用大小和效力高低的关键。体制的"兼容能力"使试点得以在已有制度框架下存在,至于它能够在多

试　点

大程度上、以何种方式对现行政策施加影响,从局部经验上升为全局性的正式制度,则是主要取决于体制的"整合能力"。

在体制内部开展试点,允许不同于现行制度的政策探索及实施活动,其目的显然不仅仅在于试点本身,而是要为更大范围内的改革项目和任务做出自己的贡献。为了用好用足试点,使它能够充分而有效地发挥其积极效应,还需要体制具备一种整合能力。试点能否被纳入全局性的政策过程中,除了自身的信度和效度之外,关键还取决于体制对框架内分散形成的诸个创新要素进行有效整合的能力。整合的过程就是一个不断进行选择、过滤和再创造的过程。

体制的"兼容能力"决定着试点操作空间的有无及大小,而体制的"整合能力"则影响到试点效力发挥程度的高低,同时这一影响还进一步传递到试点的类型、方式等方面。现实中的试点虽然数量众多,但目前已大致稳定在试点项目、试验区这两种基本类型及相应的具体形式。这些试点类型是改革开放以来经受了实践的长期检验,以及试点主体的反复调整后得以保留下来的。在它们下面还存在着一些具体的试点方式和手段,并且这些办法也在不断地产生相应的调整和变化。造成上述状况及变化的主要原因是,首先,为了能够一直对各种类型的试点保持有效的整合,试点的设计者对试点的具体类型和方式进行了精心安排和选择;其次,试点的执行者为了使试点成果能够被纳入政策议程中,对试点的方式进行了不懈的探索。对试点类型和方式的调整和变化当然也有着出于优化试点工作本身的考虑,但更重要的影响因素还在于能够保持和提升体制对它们的整合能力。

四、试点实现"要素整合"的基本形式

在具体方式上,根据所整合因素的来源、方向的差异,试点实现"要素整合"的基本形式包括上下整合、内外整合两种。

试点的产生是从吸收基层的创造性实践开始的,它将这些局部的成功经验纳入整体政策议程中,并经过自下而上、从上至下的反复整合,再进一步推广开来。同时,出于众所周知的原因,试点在很长的一段时间内也只能以这种形式发挥作用。直至改革开放大门的开启,才为试点提供了新的施展空间。

面对改革开放进程中诸多前所未有的议题,并没有现成的解决方案可供参考。但中央政府认识到,即使未来发展的具体道路还不是很清晰,但所坚持的改革大方向肯定是正确的,即坚持改革开放战略这一核心思想并没有改变。① 来自社会各个方面对改革方向的坚定支持和信心,使得中央政府能够有决心、有魄力去推动改革进程。中央政府通过广泛地探寻自身内部的局部性经验和知识,允许各个地区、各个部门进行试点,并将其中成功的政策方案推广到全国,造就了一种先自下而上、后自上而下的政策形成机制。中央鼓励各个方面、各个地区在不违背大原则的前提下对此前没有实施过的政策或制度积极进行试验性的探索和尝试,并对其中"好的政策"进行采纳并整理,在其他地区乃至全国层面进行推广。这一时期具有突破性意义的一些改革措施和制度创新,如农村家庭联产承包责任制、乡镇企业的发展等,无一不是

---

① 参见石磊、张翼、寇宗来:"演进中的'中国模式':战略、机制与架构",《社会科学》,2010 年第3 期。

试　点

先由地方有意识地开展试验性的探索,然后被中央"注意"到并吸纳,其他地方适时跟进,最后再向全国推而广之。这就是试点实现"要素整合"的第一种形式——上下之间的纵向整合。

与此同时,主观需求和客观环境的优化为新的整合形式的产生提供了可能。虽然地方特别是基层因其天然的信息、灵活等方面的优势,能够为改革事业源源不断地贡献新的知识和方案,但同样也是因为其整体知识结构受到的天然限制,面对全新的转型时期,还如过往一样仅仅依靠整合自身的各种经验已难以应付。因而,这一时期就需要新的内容来源及形式来"充实"试点工作,以适应"要素整合"在新阶段的新特点,在新的历史条件下赋予试点以新的内涵。这一新的手段就是在坚持"向内开发"的同时锐意"向外开拓",大量地借鉴来自域外的成熟方案及经验,为当时急需"改革灵感和创意"的各相关领域提供能够以之为用的"发展蓝图"。与自下而上地吸收地方试点成果相伴而行的是,改革开放以来中央政府一直都在有意识地自上而下推行一些政策试点项目。出于谨慎的考虑,中央政府会先将这些来自域外的新理论、新方案放在部分试验点实施,观察其实际运转效果并做出评测,然后再向全国推广。这就是试点实现"要素整合"的第二种形式——内外之间的横向整合。

（一）上下整合

上下整合,是指自下而上地整合来自地方特别是基层的创新性做法和经验,它的具体类型一般包括探索型试点、示范型试点、试验区等。上下整合是基于纵向视角的一种整合,来自体制内部的地方创新和探索构成了各种要素的来源地。试点的任务就是将这些新的制度要素纳入政策议程中,以评测其是否能够应用到更大乃至全国性的范围中。

可以说,"上下整合"这一整合方式几乎是与试点相伴而生的,试点的产生实际上首先就是对来自于基层的有效经验进行吸收和整合。在相当长的一段时期内,"上下整合"构成了通过开展试点来进行改革的最主要的方式,直至今日它仍然是试点方法论的作用基石。

"上下整合"的核心要义在于,通过进行相关的试点,希冀于基层可以尽可能地为全局性的制度调整和创新提供内容方面的支持。比如,在城镇基本医疗保障制度的探索及建设过程中,来自于各个地方的不同做法源源不断地为整个制度体系的建设路径、内容布局,乃至具体措施提供思路和现实依据(参见表 5.1)。这些多样化的实践做法和经验,对启动于 2007 年的城镇居民基本医疗保险制度试点具有十分重要的影响。

表 5.1　部分地方的城镇基本医疗保障制度试点项目

启动时间	试验点	主要做法
1985 年	河北省 6 个县、市	离退休人员医疗费用社会统筹
1987 年	北京市东城区蔬菜公司	大病医疗统筹
1989 年	辽宁省丹东、吉林省四平市、湖北省黄石市、湖南省株洲市	费用由国家、单位、个人合理负担,社会化程度较高的多形式、多层次的职工医疗保险制度
1994 年	江苏省镇江市、江西省九江市	社会统筹医疗基金和职工个人医疗账户相结合
1996 年	四川省成都市	补充医疗保险

试　点

续表

启动时间	试验点	主要做法
2004 年	江西省九江市、湖北省武汉市	城镇灵活就业人员参加基本医疗保险

资料来源:《中国经济发展和体制改革报告:中国改革开放 30 年》(邹东涛主编,社会科学文献出版社,2008 年,第 672~677 页)。

同时,改革开放以来在对农村医疗体制的重新建设及其探索历程中,来自基层的各种实践做法也为决策思路提供了重要的灵感。事实上,新中国成立初期所建立的农村医疗体系就是生发于地方的自行探索及经验之上。当这一体系因各种原因基本解体后,从 20 世纪 80 年代中期开始,伴随着关于农村医疗卫生到底应该采取何种体制的思路之争,来自基层的实践做法再一次为政策方案的最终形成提供了重要的参考内容。当时,卫生部制订的《"七五"时期卫生改革提要》就明确指出:"改革我国农村的医疗保健制度,应从各地的实际情况出发,根据经济条件和群众的意愿逐步进行,可以实行合作医疗,也可以试行其他各种办法"[1]。以此为指导,在 20 世纪 80 年代末至 90 年代初这段时间里,多个地方对农村医疗卫生保障的具体实施模式和做法进行了差异性较大的广泛探索(参见表5.2)。

---

[1]　卫生部、国家中医管理局:《"七五"时期卫生改革提要》,1989 年 2 月 14 日。

表 5.2　20 世纪 80 年代末 90 年代初部分地方的农村医疗保障制度试点项目

启动时间	试验点	主要做法
20 世纪 80 年代后期	上海市金山县、湖北省监利县、四川省蓬溪县、安徽省金寨县、山西省翼城县、江苏省响水县、山西省运城县	单项医疗健康保险、综合医疗健康保险
20 世纪 80 年代后期	湖北省广济县、江苏省常熟市和太仓县、山东省招远县、浙江省余杭县、上海市部分郊县	合作医疗
1996 年	全国 19 个省、市、自治区共 183 个县(市、区)	合作医疗

资料来源:"积极探索和发展具有中国特色的农村医疗保健制度"(本刊评论员:《中国农村卫生事业管理》,1987 年第 10 期);"为建立具有中国特色的社会医疗保险制度而努力——卫生部医政司才生嘎副司长在中国农村健康保险研讨会上的讲话"(才生嘎:《中国农村卫生事业管理》,1987 年第 10 期);"农村合作医疗制度的回顾与发展研究"(汪时东、叶宜德,《中国初级卫生保健》,2004 年第 4 期);"学习机制与适应能力:中国农村合作医疗体制变迁的启示"(王绍光:《中国社会科学》,2008 年第 6 期)。

这些多样化的实践探索,既为探讨不同医疗体制的优越性、可行性提供了可能,更为整个农村医疗体制的形成提供了明确的思路和直接的经验。正是通过与基层的不同做法进行反复比较,最终使决策者得出了合作医疗更具优势、更受绝大多数农民群众的拥护这一结论。

(二)内外整合

内外整合,是指由外而内地整合来自域外较为成熟的政策方案和制度文本,它的具体类型一般包括测试型试点、试验区等。内外整合是基于横向视角的一种整合,来自体制外的较为完备的制度和政策构成了各种要素的来源地。试点的任务就是对这些外部的制度要素进行相关的尝试,以评测其是否能够适用于中国。

一直以来,可以说"上下整合"几乎是中国的决策者进行"要素整合"的唯一方式。虽然它的作用及贡献有目共睹,但仅仅依赖于这一种整合方式,有时难免会碰到"捉襟见肘"的难题。改革开放进程的开启,为"内外整合"的出现和实现提供了可能和机遇。

顾名思义,"内外整合"不同于"上下整合"的关键之处在于,它是将来自域外的通常是已经较为成熟的政策方案引入,并通过开展相关试点将其整合,而后再纳入政策议程中。同样以前述的农村医疗保障体制的建设及其探索为例。事实上,除了中国本土的实践以外,在进入 20 世纪 90 年代后,中国开始注重将其他国家实践中的经验引入进来并进行尝试,许多来自国际组织、国际思想库和研究单位参与到中国农村医疗制度的建设特别是试点项目中。

这一时期,中国政府对来自域外的相关做法和建议进行了集中性的引用、尝试和整合。仅在 20 世纪 90 年代,所开展的试点项目就包括卫生部和兰德公司联合开展的"中国农村健康保险试验研究";上海医科大学公共卫生学院和美国《国际卫生政策研究项目》(IHPP)、加拿大国际发展研究中心(IDRC)、英国塞克斯大学发展研究所(IDS)联合开展的"中国贫困地区农村医疗保健制度研究";国务院政策研究室、卫生部和世界卫生组织联合开展的"中国农村合作医疗保健制度改革"研究;中国卫生经济培训与研究网络和哈佛大学联合开展的"中国农村贫困地区卫生筹资与组织"研究;中国政府和世界银行联合开展的"加强中国农村贫困地区基本卫生服务"研究;中国卫生部规划财务司、基层卫生与妇幼保健司和世界卫生组织(WHO)、联合国发展计划署(UNDP)联合开展的"中国农村合作医疗最佳实践模式"研究等(参见表5.3)。这些合作性的试点项目既与之前纯粹本土性的探索形成了参照和对比,丰富了中国政府的政策选择,更为其后新型农村合作医疗制度的建立提供了重要的现实性参考。

表5.3 20世纪90年代至21世纪初部分中外合作的农村医疗保障制度试点项目

试点主题	试点组织方	试验点	主要发现
中国农村健康保险试验研究	原卫生部、兰德公司	1985—1991年,四川简阳、眉山	收取保险费的标准,可确定在农民人均收入的1%~2%之间,但保险费的筹集十分困难
中国贫困地区农村医疗保健制度研究	上海医科大学公共卫生学院、IHPP、IDRC、IDS	1993—1997年,陕西旬邑、广西东兰、贵州施秉等3个县	合作医疗是适合我国国情的农民医疗保障制度
中国农村合作医疗保健制度改革	国务院政策研究室、卫生部、世界卫生组织	1993—1998年,全国7个省的14个县	政府与集体资金支持会增加农民参与合作医疗的积极性;反之,不增加国家、集体对合作医疗保险的投入,合作医疗就有滑坡的危险

试　点

试点主题	试点组织方	试验点	主要发现
中国农村贫困地区卫生筹资与组织	中国卫生经济培训与研究网络、哈佛大学	第一阶段（1992—1996）先在全国14个省114个县进行基线调查；第二阶段（1996—2000）是大规模干预试点，在8个省10个国家级贫困县的23个乡镇开展了多种形式的合作医疗试点工作	（1）在贫困地区，大多数农户最多能为其家庭支付年人均低于10元的合作医疗经费 （2）农村居民认为国家集体、个人都应当为合作医疗筹资承担一定的比例，其中选择以国家投入为主的比例最高 （3）为了测试政府财政补贴的作用，项目拨给各县10万元启动基金，并要求省、市、县、乡四级政府相应投入配套经费。政府财政资金的注入对项目顺利运行起了相当大的促进作用
加强中国农村贫困地区基本卫生服务	中国政府、世界银行	1998—2005年，中西部7省（区）71个国家级和省级贫困县	在一些试点县按参加合作医疗农民每人每年给予10元补助的形式，模拟政府投入，进行新型合作医疗试点。试点的成功，表明政府投入是开展合作医疗的必要条件之一
中国农村合作医疗最佳实践模式	中国卫生部规划财务司、基层卫生与妇幼保健司、WHO、UNDP	2000—2002年，集中在合作医疗比较好的典型地区	发展合作医疗应被定义为"政府行为"

资料来源："农村合作医疗制度的回顾与发展研究"（汪时东、叶宜德：《中国初级卫生保健》，2004年第4期）；"学习机制与适应能力：中国农村合作医疗体制变迁的启示"（王绍光：《中国社会科学》，2008年第6期）。

应该说,目前中国的新型农村合作医疗制度的建立是对来自基层的实践进行"上下整合",以及对来自域外的相关方案进行"内外整合"的综合结果。20世纪80年代各个地方的一系列试验性探寻,有助于决策者认识到农村医疗体制的建设路径走向,也就是重建农村合作医疗体制的必要性;而20世纪90年代域外方案的引入,以及与各类国际机构联合开展的集中性试点活动则告诉决策者,除非由政府进行主导特别是有力的财力支撑,否则永远也不可能实现"到2000年在农村多数地区建立起各种形式的合作医疗制度"①这一目标。事实上,于2003年正式启动的全国新型农村合作医疗制度试点中,试点总体方案中的许多制度设计就是来自上述各种试点项目中的实践发现。中国新型合作医疗制度的建立正是过去近30年反复进行试验性探索、尝试的结晶。

第二节　循序渐进:试点的策略效应

体制改革的顺利进行在很大程度上取决于两种能力:一种是改革中的制度创新能力,一种是处理改革过程中不确定因素的能力。② 就试点而言,它的工具效应发挥着第一种能力,而应对转型过程中的种种不确定因素,则是依赖于试点的策略效应,也即使政策变迁和体制过程能够保持在一个循序渐

---

① 《中共中央、国务院关于卫生改革与发展的决定》(中发〔1997〕3号),1997年1月15日。

② 参见徐湘林:"摸着石头过河与中国渐进政治改革的政策选择",《天津社会科学》,2002年第3期。

试　点

进、稳步前行的状态。试点既对改革所需的各类"内容"方面具有支持和配合的作用,同时对改革实施的形式方面亦具备相应的助推性功能。在开展试点这一名义下,改革实践可以在循序渐进、不断调试的基础上进行,这有助于实现改革的低风险、低成本,大大提高了改革的成功率。

一、控制改革风险

中国改革的历程遵循的是先易后难的务实路线,谋取的是由点及面的稳步推展,确保改革始终在"可驾驭的环境中"进行。① 通过试点的方式探求或启动新的政策方案,既可以有效降低制度变迁的风险系数,增加改革的可控性,还能够为改革中的探索者提供相应的保障,以维护来自各个方面的创新精神与勇气。

首先,局部操作是试点的内在特征,进而使得这一方法具有了"收放自如"的优势,能够有效降低改革的整体性风险。试点实际上在改革过程中起着"先行官"与"探路者"的作用。任何再完美与精确不过的理论设想都可能蕴含着谬误和陷阱,面对极不确定且复杂的改革环境,特别又是在中国这样一个地域间差异显著的超大型国家,如果贸然全盘推行一项新政策,一旦遭遇失败,有可能会带来不可估量和难以挽回的后果。因此,通过开展试点,在局部范围内先行实施,取得相应效果,然后在全国范围内分批次、分阶段地铺开,能够最大程度地降低改革的震荡及风险。正是由于改革开放以来的多数

① 参见"立足国情 循序渐进",《人民日报》,2012 年 4 月 5 日。

调整都采用了试点的方法,并在这一过程中不断得以检验和评测、修正和调整,从而大大避免了改革陷入困境的可能性。正所谓"船小好调头",试点极大地防止了因为政策大面积推行失误而产生难以挽救的严重后果及巨大的社会负面影响,尽可能地维系着改革赖以进行的基本秩序。① 允许不同地区、不同部门各自尝试,不但大大增加了找到改革成功路径的几率,既使遭遇失败,其后果也会相应地局部化、地方化。② 试点这一策略及方法使得主政者意欲全面、有力地掌控改革局面的预定战略得以践行。

　　改革中的一切做法都要接受实践的检验,并在实践中总结出新的经验。失误总是难以完全避免的,但是要尽一切努力去避免那些可以避免的失误。当着发生失误的时候,必须力求及时发现,坚决纠正,吸取教训,继续前进。改革的步骤要积极而稳妥,看准了的坚决改,看准一条改一条,看不准的先试点,不企图毕其功于一役。全国性重大改革的实施,由国务统一部署。要鼓励各地区、各部门和各单位进行改革的探索和试验,但一切涉及全局或广大范围的改革要经国务院批准才能进行③。

　　　　　　　　　　　　　——"中共中央关于经济体制改革的决定"

　　　　　　　　　　　　　　　　1984 年 10 月 20 日

---

　　① 参见马德普:"渐进性、自主性与强政府——分析中国改革模式的政治视角",《当代世界与社会主义》,2005 年第 5 期。

　　② See Zhou Xueguang. "The Cost of Centralization in China." *Modern China Studies*, Vol. 41, No. 2, 1994.

　　③ 中共中央文献研究室编:《十二大以来重要文献选编》(中册),人民出版社,1986 年,第 584 页。

试 点

　　其次,试点还能够降低改革的个体性风险。试点实际上构成了对创新与探索的一种"保护性"机制,能够使改革避免在其早期阶段就面临"夭折"的危险,同时对于改革的提倡者、对于创新动力而言都是很好的保障形式。进行新制度、新政策方面的探索型工作,难免会造成与现行制度和政策的冲突,以及触及到与之相关的部分群体的利益,这些摩擦自然会给改革者带来风险方面的担忧,特别是如果改革行动一旦失败,改革的倡导者们就会具有"事后追责"的强烈预期,对此如不加以控制,则会导致他们在具体实施时畏手畏脚、裹足不前,不能充分展开改革行动。但如果是在进行试点这一前提下,那么这些探索行为本身乃至倡导者的安全系数就能够得到大大加强。既然是"试",那么在此过程中遇到挫折乃至失败就是正常之事,都是合乎情理的,这就极大地打消了试点实施者们的可能顾虑。在试点工作过程中常常出现的"大胆探索"一词正是在这一意义上提出来的。

　　要克服一个怕字,要有勇气。什么事情总要有人试第一个,才能开拓新路。试第一个就要准备失败,失败也不要紧①。

——"视察上海时的讲话"

1991 年 1 月 28 日至 2 月 18 日

---

① 《邓小平文选》(第三卷),人民出版社,1993 年,第 367 页。

二、化解推行阻力

试点的进行,特别是新政策方案通过这一方法验证了自身有效性的试点实践,有助于化解其在执行过程中所可能面临的种种阻碍。为了减少决策层在政策决定时的分歧,以及各部门在协调过程中的摩擦和拖延,有效地避免政策制定过程中长时间的争论和僵局,先行实施试点可以说是一个极具创造性的发明。从试点中所得出的实际效果比任何理论辩论、论证及推演都更具说服力,可以有力地转变决策者、政策倡导者与质疑者对于相关政策的认知和思维方式,为政策转变提供事实基础。

试点的进行,实质上是为供给改革所需的政策备选项提供一个客观检验的机会及标准,"拿事实来说话"。在局部性的政策执行展开之后,全新政策方案的内容是否切实可行,是否能够取得预想中的效果,都可以根据从试点中所得出的实际结果得到回答。这些新的改革方案是应该继续、修改调整抑或终止,既定政策是否需要改变,解决问题的替代性方案是否可行及有效,所有这些问题的答案都可以用相应的试点方法来进行考察和判别。

我们的做法是允许不同观点存在,拿事实来说话。

农村改革,开始的一两年里有些地区根本不理睬,他们不相信这条路,就是不搞。观望了一年,有的观望了两年。看到凡是执行改革政策的都好起来了,他们就跟着走了。

改革的政策,人们一开始并不是都能理解的,要通过事实的证明才

试 点

能被普遍接受。

　　既然搞的是天翻地覆的事业,是伟大的实验,是一场革命,怎么会没有人怀疑呢? 即使在主张和提倡改革的人当中,保留一点怀疑态度也有好处。处理的办法也一样,就是拿事实来说话,让改革的实际进展去说服他们。①

——"拿事实来说话"

1986 年 3 月 28 日

　　试点的方法为论辩各方提供了一个通过实践来认识和辨别新政策方案优劣的渠道,即通常所说的"干中学、学中干"。通过试点方法而得出结论,有助于在政策选择和制定过程中减少因观点纷争所必然会带来的拖沓,从而提高政策创新效率,并进一步快速推进改革进程。在面临不确定的改革前景,缺乏有效的理论指导,对新的政策知识缺少充分的知识和认知能力并由此产生不一致的判断的情况下,要达成明确改革方向、齐心协力向前迈进的目标,这一方法就显得尤其重要。在改革的整个过程中,政策的选择不可避免地要受到不同观点及判断的影响,受到不同程度地参与政策选择过程的个人和群体的主观价值趋向的影响。当旧的制度及相应的思想在现实中依然拥有一定的支持度,而新的政策方案及价值观又在不断扩大其影响力的时候,新旧观念的冲突和相互间的理论挑战常常会使改革在其初始阶段便面临不断的

---

　　① 《邓小平文选》(第三卷),人民出版社,1993 年,第 155—156 页。

论争。改革中的政策辩论当然有其合理性,甚至是必要的,孰是孰非、各者长短是会越辩越明的。

然而,如若对这些政策论争的时间及程度不加以控制,任由其演化下去,于改革而言则是适得其反。尤其是双方的对抗一旦升级、失控,会使一方最终寻求意识形态或政治上的所谓"正确性"以压制另一方,致使政策问题变成意识形态问题或政治问题。① 对于在改革开放初期,改革时机极为紧迫、改革任务极为繁重的中国而言,显然是要极力避免改革争论过长过大的情况。改革的进程启动初始,许多领域的政策调整既十分紧迫,又不容有失。过多的政策争论非但会增加改革的风险成本,同时对抗的升级还会抑制制度创新的机会,来自意识形态方面的压力必将严重损害探索创新的积极性。于是,新政策的倡导者们求助于试点这一方法,通过其有效缓解新方案所可能面临的各种阻力。这其中的关键之处在于,试点强调的是政策具体的可行性的实际效果,用"看得见、摸得着"的现实结论取代空乏的争论,使得理论论证不再是确定政策方案的唯一选择方式,事实的证明而不是辩论的结果成为检验改革政策优劣与否的新标准。

对外开放和举办特区,是党和国家的新事业、社会生活中的新事物。在其发展过程中,几乎每个阶段都听到过异议,都遇到过阻力。这些异议和阻力或源于旧观念、老框框的思想束缚,或由于对实际情况缺乏了

① 参见徐湘林:"摸着石头过河与中国渐进政治改革的政策选择",《天津社会科学》,2002 年第 3 期。

试　点

解,或是囿于部门、地方利益的偏见。对此也不能坐在那里去作经院式的讨论,待意见统一后再去行动。最好的办法就是实践,在实践中取得和增强共识。小平同志很强调对不同看法不争论,而要大胆地试,大胆地闯。我对国务院特区办和各省办特区的同志也多次说过:第一是实干,第二是实干,第三还是实干,用实干的成果说服别人,争取同情,争取支持。[①]

——"过来人的一些体会"

随着政策倡导者们对试点方法的运用越来越纯熟,它对于提高新政策实施效率,加快推进改革进程的作用也越发显著。对于那些"拿不准"的新政策,一般是通过试点的方式"观测"其现实运行状况,待局部性的试点工作结束之后再根据相应的结果来决定是否选用;对于那些"心中有数"的政策方案,一般是通过试点的方式"示范"其实际效果,以进一步吸引还未实施新政策的地区或单位加快落实。基于试点来显现政策的真实成效,无疑是化解各方面阻力、消除各种疑虑的极佳策略。

三、降低改革成本

试点的进行当然也需要付出相应的人力物力,不过与更大范围的支出和与之对应的收益相比较而言,由于开展试点而带来的耗费是较为适当、可以

---

① 《谷牧回忆录》,中央文献出版社,2009 年,第402 页。

接受的,它们都有助于降低整个改革的成本。试点因其先天的局部性特质,使得自身所可能带来的风险小于改革的整体性风险,相应地其所产生的成本亦肯定小于全盘推进所可能造成的支出,以局部的、试验性的方式进行的改革可以把试错的成本分散化,使改革尽可能地避免失误及过高的成本。另一方面,也是更重要的一点在于,从试点的成功中所获取的收益要远远高于其支出。

其一,相较于全局性失败所造成的损失,源于局部性试点的失败而付出的成本显然要低得多。试点当然存在着失败的可能性,并产生相应的耗费,不过由于这些试点活动是局部、分散的,因此即便遭遇这一状况,也可以及时"刹车""止血",不至于波及全身,这些有限范围内的失误并不会带来大面积甚至全局性的失败,故其仍然低于未经试点而贸然全盘推行而导致的政策失败所消耗的成本。

从另一个意义来说,我们现在做的事情都是一个试验。对我们来说,都是新事物,所以要摸索前进。既然是新事物,难免要犯错误。我们的办法是不断总结经验,有错误就赶快改,小错误不要变成大错误。①

——"答美国记者迈克·华莱士问"

1986 年 9 月 2 日

---

① 《邓小平文选》(第三卷),人民出版社,1993 年,第 174 页。

试 点

允许看,但要坚决地试。看对了,搞一两年对了,放开;错了,纠正,关了就是了。关,也可以快关,也可以慢关,也可以留一点尾巴。怕什么,坚持这种态度就不要紧,就不会犯大错误。[①]

——"在武昌、深圳、珠海、上海等地的谈话要点"

1992 年 1 月 18 日至 2 月 21 日

其二,相较于从试点工作中所获取的收益,因进行试点而付出一定的成本是完全可以接受的。试点的功能除了能够对新政策进行测试并修正之外,更重要的还在于通过赋予试验点以相应的试验权限,促使其广泛地进行制度探索及创新。制度创新需要成本且有风险,而且初设成本将会很高,这样的任务交由那些具备一定条件的部分地方和单位来完成是必要和适宜的。在局部范围内对于新型体制机制、发展模式的探索为全盘性的制度突破提供了可供选择的新政策,分散形成的各种新式政策选项源源不断地为中国的政策创新提供着可资利用的丰富资源,各地区、部门的实践为决策者和政策倡导者提供了灵感,并成为政策和制度演变的重要动力机制。[②] 通过将局部范围内的成功经验进行吸纳、整合,并复制到全国其他各个地方,制度初设的成本会通过制度移植得到平摊,进行创新的局部负担会通过外部转移得到消化,实施新政策的收益会通过制度的辐射效应得到放大,结果是包括试验点在内的所有地区和单位均能获得益处。同时,这种试验性的创造性改革还可以与

[①] 《邓小平文选》(第三卷),人民出版社,1993 年,第 373 页。
[②] 参见王绍光:"学习机制、适应能力与中国模式",《开放时代》,2009 年第 7 期。

增量改革相结合,能够及时提供在哪些领域进行改革具有最大收益的信号。[①]
从推动整个改革进程的大局出发,以部分试验点所付出的成本为代价来换取
更大的改革收益,是可以接受甚至必要的。

> 我国在新时期实行对外开放,正是在勇敢的艰苦的实践中走出了自
> 己的道路。从几个点上扎实起步,在探索中逐步展开,在不断积累经验
> 的基础上逐步加大步伐。在这个过程中,难免要发生曲折,付出些"学
> 费",但一定要真正学到东西。关键是要在实践中精心研究和认真解决
> 各种矛盾,不断提高能力和工作能力,及时地认真总结经验教训,每走一
> 步都为下一步的过河奠定一块新的基石。[②]
>
> ——"过来人的一些体会"

其三,来自试验点的经验可供潜在的改革者学习和借鉴,从而降低其他
地区或部门的成本。在推广过程中,试验点还可以起到示范和传播政策实施
经验的作用,这包括专题性的经验交流会等形式,以及各地区或部门专门前
往试验点进行参观、交流等活动。在已有经验的指导下,各地区和部门相当
于"搭上了便车",落实新制度、新政策工作的方向性更加明确,自然会少走很
多弯路,相应地也就节省了所可能因此而付出的成本。

---

① See Kang Chen, Gary H. Jefferson and Inderji Singh. "Lessons from China's Economic Reform",
Journal of Comparative Economics, 1992, Vol. 16, No. 2.

② 《谷牧回忆录》,中央文献出版社,2009 年,第 402—403 页。

试　点

四、提高成功几率

在试点的名义下，改革方案的样本数量与质量指数都得到了相当程度的提升。开展一项试点既是一个丰富改革方案可选择样本的过程，更是一个对这些新政策文本不断进行"试错"，并能够基于各种反馈对改革方案进行适时修订、调整的过程，这些都极大地有助于提高改革的成功率。

首先，试点使得在改革操作中可以试行不同类型、不同内容的方案，丰富了政策方案的可选择样本量这样就多了一分成功的可能性。试点带来了改革方案的多样性，扩大了可选择的余地，多个试验点围绕同一个试点主题进行不同方向和角度的探索和尝试，并得出各自相应的结论。在对这些试点结果进行对比之后，进而选择其中的一个或一组成功案例将其推广。每一个试验点都代表着一个可能会引领改革走向成功的机会。

> 坚持多样化和规范化结合，我们同一个试验主题都是围绕着土地制度试验，我们在贵州的湄潭、北京的顺义和苏南的三个县市在不同的类型地区进行安排，既要规范化，同时也要多样化，为了对比试验。
>
> ——"农业部就新一轮农村改革试验区和试验项目启动实施有关情况举行发布会"
>
> 2012 年 1 月 12 日

其次，试点能够提供经历实践洗礼的优质政策方案，这为改革的最终成功打下了坚实的基础。通过开展试点,可以为新因素的成长提供较为充分的试错或检验的机会,尽可能地优化各项细节。作为一种局部性的政策实践活动,试点旨在先行一步,超前探索,通过推动分散的制度和政策实践来为全局性的政策推行做准备,为政策的正式铺开提供必要的知识和经验。在试点中,相关政策在其得到全面实施之前就可以在一个具体的环境中先行运转,这样可以最大限度地知晓它在面对现实环境时所可能出现的各种情况,并对其进行及时的修正和完善。

任何制度创新都离不开先导的实践探索所积累的经验,因此,试点带来的第四个积极成效是:为进一步的制度创新提供了直接的经验。这些经验,包括易点与难点、成功与失败,它为检验和修正制度目标、确立全面推行的战略部署,都具有极为重要的意义。试点实践表明,考试录用、职务晋升、考核、回避、退休离休等环节是易点;职位分类、工资福利、辞职、辞退、人员过渡等环节是难点。即使是在易点的背后,也还存在许多困难。这将为进一步战略调整提供非常有用的实证依据。

——"公务员制度试点的回顾与反思"

最后,试点通过推广式方法使新政策逐步扩散开来,并从这一过程中不断吸收反馈信息且适时调整,这进一步保证了改革能够取得成功。即便是产生于试点中,经过现实锤炼的新方案,亦不可能达到尽善尽美的状态,同时其在走向更大范围的实施环境时还会遇到新的问题和挑战,因而再过优质的政

试　点

策方案也难免会多少带有一些不确定性。为了应对这一情况,试点采取"由点到面""逐步推开"的方式推行新政策。正是由于这种特有的"试点—推广"机制,使得改革可以沿着自我反复修订、反复更新的轨迹来推进,并且获得了一种自我加强的特征,即实际上政策方案在这一过程中是在为不断完善自身而不断地"打补丁"。可以说,试点为新政策框架的发育和建设"创造出"一个个渠道和平台,尽可能地淘汰劣质因素、保持和吸收优质因素。"试点—推广"式的改革方式为每一个新增的政策成分赢得了发挥效用的机会,这些诞生于实践中的"点点滴滴"汇聚起来使政策方案不断趋于完善,一并提升了改革的成功几率。

综合言之,试点实质上是要通过共同发挥自身工具性和策略性效应的双重作用,以保障转型过程在力度、速度与可承受度等方面实现协同。应该说,这是能够用以服务于改革开放事业的为数不多的具有多重功能的机制之一。

必须把促进改革发展同保持社会稳定结合起来,坚持改革力度、发展速度和社会可承受程度的统一,确保社会安定团结、和谐稳定。

既坚定不移地大胆探索、勇于创新,又总揽全局、突出重点,先易后难、循序渐进,在实践中积累经验,不断提高改革决策的科学性、增强改革措施的协调性,使改革获得广泛而深厚的群众基础。及时总结改革的实践经验,对的就坚持,不对的赶快改,新问题出来抓紧研究解决。

——"胡锦涛在纪念党的十一届三中全会召开 30 周年大会上的讲话"

新华社北京 2008 年 12 月 18 日电

试点的实然效应本质上是内聚了改革、发展和稳定这三个方面的有机统一性,有助于统合转型过程的效率性和有序性。对于中国这样一个国情复杂、内部差异显著的超大型国家而言,加快推进改革步伐的紧迫性与保持这一过程的秩序性至关重要。于是,试点以其工具性效应和策略性效应,将这两个目标纳入同一轨道中推进实现。试点首先为现代治理因素的发育开辟出成长的空间,它为传统治理向现代治理的转变奠定了足够多、足够开阔的载体及包容性平台。更重要的在于,基于试点的新制度因素的发育和成长过程并未与原有治理结构形成过度的内在紧张关系,治理转变的过程是平滑、有序和持续的,整个治理体制就在这样一个良性有序的状态和氛围中变得更为优化、巩固。

第六章　试点的逻辑归宿与演变

　　关于试点的研究工作必须回答一个基本问题,那就是在整个国家治理框架中,试点究竟处于一个什么样的位置,并且它所处的这个方位反映出怎样的逻辑和问题。显然,试点的普遍存在及其缠绕其间的各种特性,是整个制度环境作用的结果。于是,欲对试点进行理论定位,首先就需要发现和了解试点各种现象背后的主要影响因素,尤其是需要从试点运行的经验事实中进行理论上的提升和凝练,进而揭示出制约试点的深层次逻辑渊源。

　　本书从中国国家治理体系运行的特定逻辑入手,将其对试点的影响机制简要归结为:中国国家治理模式存在着对于其均衡性的追求和维系,于是系列应对机制相应而生,在发挥各种效用的同时也随之带来了各种衍生性影响,试点亦是其中之一,其在操作实践中的各种特质皆内源于此。在这一治理逻辑的牵引下,连同试点在内的中国治理实践中的一系列常见机制及其现象,都可以被置放在这一共同的分析框架中得以阐释。试点在未来所可能发生的各种演变,自然也需要以这一逻辑认识作为基础。

第一节　均衡性治理:试点的逻辑指向

试点的存在及发展变化是诸多因素综合作用而成,同时在这些因素之中,必定存在着一个居于主导地位、施加关键影响的基础性变量。这一变量隐于各个表层因素之后,将这些因素关联起来并透过它们来对相关现象进行引导,是影响试点的深层次逻辑渊源。

一、"均衡性治理"的内涵

(一)均衡性治理:国家治理体系运作的特定逻辑及导向

"均衡性治理"是中国国家治理体系运行的一个特定逻辑及导向,它的具体涵义是指,中国国家治理的结构、功能及行为等诸方面都在不同程度地遵循着均衡性这一逻辑,其基本实现形式则是通过确保"正式"的制度性模块与"准正式"的机制性模块这两大板块之间维持着动态的均衡性,并使它们共同发挥作用,来优化治理模式,提高治理绩效。① "均衡性治理"昭示着整个治理架构希冀于在彼此相异的治理模块之间形成相互配合和补充,也即"制度性"

---

① 有关于"中国治理结构的均衡性"的灵感和思考,主要来自于先后对裴宜理(Elizabeth J. Perry)、沈大伟(David Shambaugh)、王绍光、周雪光、徐湘林等学者的相关研究成果的阅读以及由此所产生的启发。

"实体性"的内容板块与"准正式性或非正式性""软体性"的内容板块之间的
对立统一,使它们构成中国国家治理总体特征的一体两面。对于中国政府与
政治治理活动的理论和现实来说,"均衡性治理"既是目标和导向,亦是手段
和过程。它的这一双重特征相互交织并影响到了治国理政的方方面面。

　　进一步而言,均衡性对于中国国家治理目标的必要之处和重要地位体现
为一是出于"战术需要",二是基于"战略要求"。

　　首先,"均衡性治理"是完成相关转型任务的需要。随着整个社会转型进
程的不断推进,中国社会的各个方面陆续取得了一些可观的进展,相应的社
会事务的繁杂性也在持续增强。于是,正式制度体系面临着越来越沉重的负
荷和压力,受到了多重挑战。面临外部环境越来越多的治理事务、社会公众
不断提高的治理要求,仅仅依靠正式的制度化手段已不堪重负,"千钧重担系
于一身",存在着难以为继的风险。随着经济社会发展速度激增,社会各个方
面变化加快,治理主体所要处理的政治、经济、社会等事务,以及随之而来的
责任、困难、挑战、压力等也都在空前增加。在这样的背景下,整个治理体系
及其活动范围很难完全恪守在正式制度所形成的框架和规则内而万事无虞。
也就是说,单单通过制度化的基本方式和手段,已经难以有效应对外部环境
和内部关系中所产生的各种问题和挑战。① 因而,在现实的政治运作过程中,
治理主体还需要甚至不得不有意识或无意识地到正式制度和基本要素之外,
去建构能够应对这些挑战的其他治理机制和手段,来确保转型使命能够得以

---

① 参见朱光磊主编:《现代政府理论》,高等教育出版社,2006 年,第 178 页。

承载。

其次，"均衡性治理"是整体转型战略的要求。中国所秉承的温和型、渐进型的转型策略决定了探寻"额外"的治理机制这一目标及具体过程的内在特质。这就是，为化解不断产生的新挑战、新压力，虽然需要在正式制度体系之外去发展并应用新的应对机制，但这并不意味着要从根本上改变现有治理架构，更不是改变现存基本制度和体制，而是立足于现有治理框架内这一"基本面"，致力于创造及运用各种新机制、新手段，来充分挖掘并发挥这一架构的最大治理潜力、实现其最大治理效益。变革当然是必要且紧迫的，但不是从基本价值、根本制度上重构现存治理体系中的诸种基本关系，而是依托于一系列机制，通过各种技术性的功能性改变，尽可能地充实、巩固和完善现有的基本治理体系。中国经济社会转型的战略指导思想决定着并内置于"均衡性治理"的目标及全过程。

对"均衡性治理"的内容或衡量标准进行具体分解，其主要包括以下三个方面：一是"刚柔相济"，也即原则性与灵活性的结合，在坚持制度架构中的原则性部分的同时，不断地改革、调整和优化整个治理模式，在实践中使其得到发展、补充和丰富；二是"稳中求变"，也即稳定性与创新性的结合，在确保整个制度架构的稳定程度的基础上，促进新因素的成长并完成新旧交替；三是"适时而动"，也即规范性与效率性的结合，在推进、加强制度化和程序化建设的同时，整个治理体系及其相关部分同时还保持着较高的反应速率和机动性。

简言之，贯穿于"均衡性治理"乃至中国转型过程的一条主要主线就是，要尽可能地保证在原则性、稳定性、规范性的基础上实现灵活性、创新性、效率性。在中国官方的正式文件、领导人讲话中,可以多次看到对于这一治理目标的表述,而现实中的诸多实践也表明了对这一标准的追求。当然,从另一个方面看,兼顾的方面越多,实际上就意味着实现的难度越大,但这却是改革事业的现实要求,同时也从反面印证了"均衡性治理"的重要性所在。

(二)从治理的均衡性到体制的适应性

"均衡性治理"能够为中国的治理体制驾驭复杂的转型进程的能力提供一些具有说服力的解释。虽然,国内外学界对中国体制在转型过程中的变化方向及程度认知不一,但多数研究者特别是来自于经济学界的许多研究者对中国治理体制在应对挑战和压力的显著能力方面有着相当程度的共识。在中国这样一个历史遗产丰富、内部差异显著的超大型国家,在并不平坦,甚至是异常崎岖的转型道路上,面临各种难以想象的困难却又缺乏可资借鉴的经验,中国政府"自己想出来很多招儿","很灵活""总是有办法"。有研究者将中国体制的这些特点称之为"适应性治理"(adaptive governance),其具体又包括"高度的创造与适应能力"以及"务实主义治理模式的历史传统"等。"适应性治理"是一种有弹性的治理,是指面对新挑战适时做出变化的能力,尤其是有效适应外部不确定性的能力。① 那么进一步而言,中国的治理结构所秉持的这些"创造性""适应性"具体是通过哪些中介和渠道来实现的,可以说追求及保持现有治理体系的均衡性是可以用之去解析的其中一个有效视角。

面对随转型过程而来的多方面的治理挑战,中国政府并没有采取退却或

---

① See Sebastian Heilmann and Elizabeth J. Perry, eds. *Mao's Invisible Hand: The Political Foundations of Adaptive Governance in China. Cambridge*, Mass.: Harvard University Press, 2011.

者收缩的战略,反而在一直积极探索适应战略。① 显而易见,体制的灵活性与适应性是需要有相应的方式方法来实现的,尤其在于这些特性还需要立足于保持整个体制的原则性、稳定性的基础上。在这一标准的要求下,从维系整个治理架构的均衡性着手成为实现体制适应性的一个重要策略,其基本目标指向于使中国的治理体系在保证"基本面"稳固的同时,兼具极强的自我更新、发展和完善的能力。"均衡性治理"的要义在于既保证了整个体制能够随着客观条件和形势的变化而"泰然处之",又可以满足完成改革使命所需要的制度供给,化解不断出现的新挑战、新压力,使得转型及改革格局呈现出显著的平滑性、技术性特征。

"均衡性治理"可以成为对新中国成立 70 余年来如何走过国家治理特别是转型之路的一个中观层次的观察视角。它昭示着在前所未有的现代化事业面前,中国政府充分运用内生于自身已有的政治、经济、文化和社会等资源要素与结构框架,使其在相互匹配和不断优化中寻求到国家治理与转型的最佳路径。更重要的在于,通过进一步揭示并梳理"均衡性治理"的实现途径,还能为研究并理解中国的治理模式提供更为多样化的分析角度。

事实上,任何一个国家的治理行为中都存在着对于自身均衡性的追求,并演化出各自独具特色的治理实践。只是由于中国国家治理体系本身的特点、经济社会转型过程的现实要求及操作过程的高度复杂性,使得中国在实现其治理体系均衡性的过程,尤其是这一过程中所生发出来的一系列应对性

---

① See Andre Laliberte and Narc Lanteigne. *The Chinese Party – state in the 21th Century: An Adaptation and Reinvention of Legitimacy*. New York: Routledge, 2004.

机制显得异乎寻常的丰富、特殊和复杂。

二、"均衡性治理"的维系机制

在具体形式上,"均衡性治理"的实现是依赖于正式制度安排与"准正式"的治理机制这两者之间的相互支撑及共同作用。这其中的关键之处又在于,在正式制度架构之外存在着一系列"准正式"的治理机制或手段,它们与正式治理机制一起发挥作用,动态地校正着治理结构的均衡度系数。

所谓"准正式"的治理机制,是指不属于正式的制度化运作方式,但又与其紧密关联且频繁见于治理实践中的一些治理方法。之所以将它们称作"准正式"的治理机制,主要是由于,首先,这些治理机制虽然不属于正式制度的法定组成部分,却并非完全是存在于基本制度框架之外的独立治理要素,它们往往是伴随着正式制度、伴随着正式制度的运行而产生的新特性,实际上是附着于正式制度,却又不完全按照正式制度进行运转,是既接近于正式制度运作过程,但又不是相关实践活动中的必要环节或组成部分。其次,在其经常性地有效发挥作用的过程中,这些治理机制具备一些正式制度难以释放出的功能,能够进入正式制度化手段所难以触及的某些领域,因而它们在治理活动中的应用频次较高,有的甚至与正式制度不相上下,有时两者之间还常常交织在一起,保持着通力合作,事实上这些治理机制已经构成了整个治理体系的一个重要部分。

这些"准正式"的治理机制受到其存在方式的影响,在实践活动中的作用方式具有以下一些特点:其一,依附性。"准正式"的治理机制本身难以通过有效的渠道独立完成相关任务,而是需要从正式制度中"抽调"出相关的要素,并对其进行"重新组合",接着再按照新的方式进行运转。其二,灵活性。"准正式"的治理机制并非法定制度的组成部分,在法律法规中并无约束性的规定,较少受到成文规则的约束,没有那么多固定的原则或程序需要遵守。在开展实际活动时虽也有一定的工作步骤,但无需时时刻刻严格地遵循,运作过程的灵活性较为突出,在必要的时候常常突破相关的条条框框。[①] 其三,隐匿性。"准正式"的治理机制毕竟不属于正式制度,并不彰显于整个治理体系的外层,它们隐藏于正式制度框架之中,相关的功能分布于体系中的各个层面和单元,由一系列"无形而有力"的精巧的治理方式构成。

存在于正式制度之外的"准正式"治理机制,在日常治理实践过程中以其多功能性和灵活性有效地消解了正式制度乃至整个治理结构所承担的日趋增加的负荷和紧张。就这一意义上而言,这些"准正式"机制的存在非但没有弱化正式制度,反而对其形成了有力的补充和支持。可以发现,相当一部分"准正式"治理机制实际上是与正式制度安排以"对应关系"的形式存在的。例如,与正式组织体系相对应的领导小组机制[②],与法律体系相对应的文件机制,与日常管理活动相对应的运动式治理机制,等等。这些准正式治理机制有序地对应着正式制度框架中的相关部分,并主要通过附着于各自的"对应方"来发挥作用(参见图6.1)。

---

① 参见朱光磊主编:《现代政府理论》,高等教育出版社,2006年,第180页。
② 参见周望:《中国"小组机制"研究》,天津人民出版社,2010年,第207—208页。

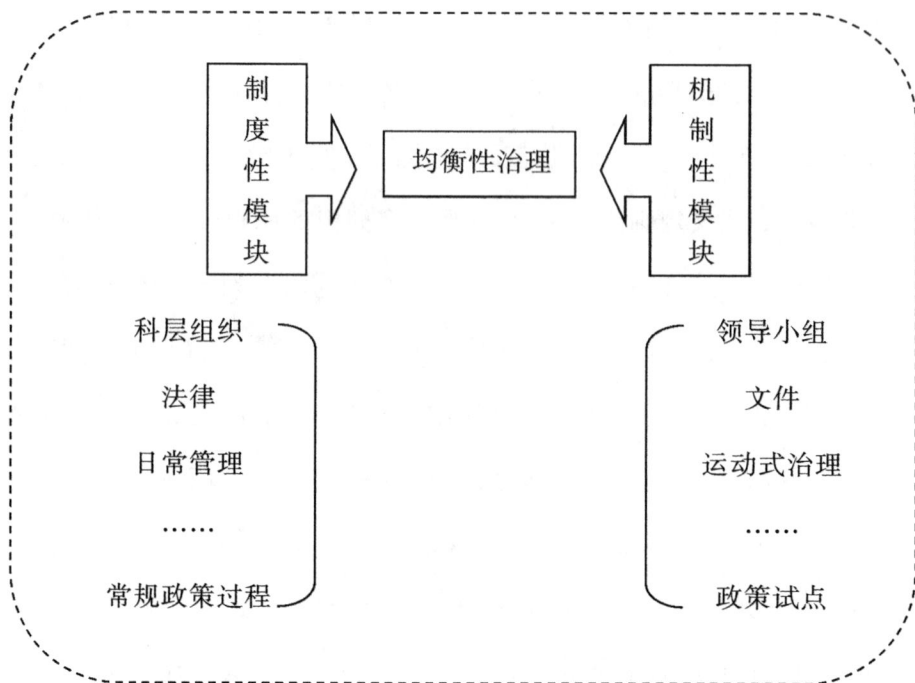

图 6.1 "均衡性治理"简明示意图

资料来源:作者自制

    同时还需要指出的是,在实际活动中,除了对应于正式制度之外,这些"准正式"治理机制之间亦存在着紧密的关联性。虽然每一种"准正式"治理机制均有其特定的适用范围,但这些治理机制并不是孤立和彼此排斥的,它们还可以相互依赖和补充。许多情况下,这些治理机制都是交叠着发挥作用。比如,"领导小组"的设置及活动内容都是通过相关"文件"来确定的,"文件"则为众多"准正式"治理机制的存在及作用提供了立足依据,而在"运动式治理"过程中,通常都是以发布相关"文件"作为启动点,以成立相关"领导小组"作为组织保障。一般来说,当启用某一项"准正式"治理机制时,通常还需同时应用到其他治理机制的部分或全部功能。这既是"准正式"治理机制作用范围辐射能力的体现,也进一步反映出它们对于维系"均衡性治理"的重要性。

归结起来而言,"准正式"治理机制与正式制度相互配合、共同作用,强化、优化了整个治理体系应对不同挑战和压力的能力。当然,由于整个治理体系所面临的矛盾在短时间内不可能得到根本性的解决,因此两者对于"均衡性治理"的维系将是一个长时间的过程,是不断地在动态过程中寻找一种暂时的平衡,相应的这些"准正式"治理机制的发展演变也会是一个长期的过程。

三、试点是实现"均衡性治理"的关键"技术支持"

在维系"均衡性治理"的若干项"准正式"治理机制中,试点是位于其间的一项"关键技术",这是试点在中国国家治理框架及实践中的逻辑归宿所在。

首先,试点构成了基本政策程序之外的政策创新和测试载体,并与常规政策过程实现了标准对接。中国的改革事业对于用来服务于各领域的新政策方案的需求是巨大的。然而作为一项全新的事业,当时可供借鉴的模式、方案都是十分有限的,很多问题实际上根本就无经验可循。于是,传统制度遗产中的试点机制再度得以重启,并得到大范围、高频率的运用,有效地卸载了正式制度的大部分创新负荷。试点从内外、上下等角度全方位地切入,在现有制度框架内打开足够的活动空间和领域,铺垫出一个制度创新和再造的

试　点

绝佳平台，扩展了政策文本可供选择的范围。这既包括挖掘体制内部的潜力和创造力，亦包括对体制外新要素的适时整合。通过开展试点，不但能够通过探索型试点、设置试验区等，为制度创新提供所需要的"原材料"，也可以通过测试型试点来对相关政策方案进行"再加工"，使之更加"精细化"。试点以其特殊的作用形式强化了整个体制在政策需求方面的自我创新和再造能力，为治理模式的优化和升级提供了基本准备和全新途径。这正是前面阐述的试点的工具效应所在。

其次，试点将治理结构的均衡过程牢牢置于稳固的基础上，无论启动再繁杂的试点项目、开启再多的改革线程，都在掌握之中。转型的过程自然会存在着不确定性，并伴随着相应的风险。试点立足于现有体制，在除旧布新之间巧妙地布置了周详的缓冲期和观察期，在体制框架内将这一方法的技巧性、灵活性、多面性施展得淋漓尽致，以尽量降低转型过程中的种种震荡。在试点的作用机制下，使得短时间内如此大规模、多样性的改革创新实践可以在一个温和的状态和平滑的过程中进行，转型历程中所可能遭遇的风险、面临的阻力、付出的成本都得到了有效控制，改革的总体成功率一直在高位运行。这正是前面阐述的试点的策略效应所在。

在"均衡性治理"这一导向下，试点实质上是在已有体制内部创造出一个个充满活力的制度生成源地，它使得中国的经济社会转型和改革开放进程在保持稳步行进的同时又极富创造性。试点是中国自身所摸索出的一个用于进行制度创新的生长平台和策略空间，这使得中国在并未完全符合经典理论中那些标准政策框架的情况下仍具备了相当程度的制度创新能力，而这其中的关键之处就如塔雷伯(Nassim Taleb)所言,一个国家的创新能力并不是因为体制不同而有所差异,而是取决于这个国家为"最大限度的反复试验"提供的机会。① 在局部范围内进行的,旨在发现有效的新型制度和政策工具的试点成为中国重要的新制度产生源。

总而言之,在"均衡性治理"这一分析思路下,可以将中国治理过程中分散于不同领域、不同场景、不同内容及形式的现象和议题汇集于同一个分析框架里。这就是,中国治理实践中诸多独具特色、反复出现的机制及其表现,虽各自有其特定的起源和作用范围,但实际上都在共同传递着一个稳定的治理逻辑,那就是对应于正式的制度化手段,并与之一起发挥作用,共同指向于维系整个治理体系的均衡性。

第二节　试点的衍生影响

从服从服务于"均衡性治理"的逻辑导向出发,试点以其显著的积极效应而广为瞩目,并由此奠定了自身在中国治理转型实践中的重要地位。但也不能因此而忽视伴随着这些功能一并而来的衍生性影响,尤其是这些影响可能会对试验式改革本身乃至相关改革领域造成一定的困难。归结试点所可能会带来的衍生性影响的目的不在于否定这一机制,而是厘清事实的全面性,并在此基础上寻求可能的改进办法。

---

① See Nassim Taleb. *The Black Swan: The Impact of the Highly Improbable*. London: Penguin. 2008.

试 点

一、"准正式"治理机制的衍生影响

基于维系"均衡性治理"这一出发点,一系列"准正式"治理机制先后形成,并在中国治理实践活动中扮演着至关重要的角色。当然,这些方式方法也并非尽善尽美,在充分认识它们的主要作用的同时,还需要注意和重视其所可能会带来的衍生性影响。这些"准正式"治理机制常常会与现代治理体系建设中的某些基础性要求相背离,在与正式制度一起协同满足外部治理需求的同时也给其带来了相应的"困扰",衍生出各种始料未及的后果,并对中国政治运行产生了广泛而深远的影响。

首先,"准正式"治理机制时常会出现有悖于法治化原则的状况。具有先天灵活性、随意性的"准正式"治理机制在发挥这些功效的同时,有时候亦不免会陷入"越界"的状态。而这些"越界"行为一旦触及法律的刚性、稳定性,那么在有效治理的实用性和行为空间及范围的有限性之间就会造成两难境地,难以取舍和协调。不难发现,现实中"准正式"治理机制中的相关做法会经常性地与法治原则出现相背离的情况,并由此衍生出一系列的问题。例如,"领导小组"的数量突破机构编制规定的现象屡见不鲜,某些"文件"的地位和作用总是高于法律条文的事实一直广受诟病,"运动式治理"与法治化治理的不相容更是老生常谈的话题,等等。

其次,"准正式"治理机制时常会打乱科层化治理的节奏。科层化治理以制度完备、程序合法、行为规范为运作准则,强调组织结构运作、资源运用与操作方式的合法合理。而"准正式"治理机制的特点及作用形式决定了其会

经常性地突破按部就班的科层理性,绕开或省略常规性的程序和步骤,以政治逻辑代替科层逻辑,以保持处理事务的高反应速度和高效率性。尤其是由于"准正式"治理机制是依附于正式制度发挥作用,因而启用这些治理机制时还需要抽调科层体系中的人力资源、物质资源等。于是,在"准正式"治理机制完成某项具体任务之前,科层化体系的日常状态、治理绩效都得不到保证。出于运用"准正式"治理机制的需要而导致科层化治理绩效下降的现象在治理实践中屡见不鲜。较为常见的就是在各类大型活动和紧急任务中,"领导小组""运动式治理"等机制一旦启动实施,便开始汲取科层化体系中的种种资源,在"一切为某某让路"的口号下,科层化治理中的部分日常功能便会宣告暂时中止,外部表现为缩减或暂停供给某些管理活动及公共服务,直至相关"准正式"治理机制的任务完成,科层化治理体系才可恢复常态。

最后,这些"准正式"治理机制之间时常也会出现摩擦。"准正式"治理机制因其特定的功能,受到治理体系中各个领域和层级的广泛青睐,现实中这些治理机制常常被过多、过度地使用。但由于在启用这些治理机制的具体时机、持续时间、作用边界等问题上缺乏一个明确的标准,相关尺度基本靠各个治理主体自己把握,因而每一次"准正式"治理机制的使用都可能具有新的特性,尤其是会受到不同使用主体的影响。于是,在高频次的使用率与尺度不尽一致的共同作用下,相同或相异的治理机制各行其是,相互之间不可避免地会产生磕磕碰碰。例如,各个部门之间经常会出现"文件打架"的现象,"领导小组"以疾风暴雨般的"运动式"方式"倍量扩增",不久之后又以同样方式"倍量缩减","运动式"治理活动中不同部门的宽严标准不尽一致,等等。

试 点

"准正式"治理机制对于"均衡性治理"的效用及同时伴随其而来的种种衍生影响,造成了中国政治运行中种种"周而复始"的悖论式现象,这主要体现为一些治理机制在饱受争议的同时却又长期存在,时而归于沉寂,时而动作频频,如此循环往复。沿着服从服务于中国治理体系的均衡性——应用一系列"准正式"治理机制——产生相应的衍生性影响这一逻辑线索不难发现,发生在不同治理领域中的各类重复性现象并非各自独立,而是存在着内在关联,是同一逻辑导向在不同领域、不同层级的呈现形式。试点自然也在这一逻辑导向的阐发范围之内。

二、政策时差:试验点与非试验点之间的政策摩擦

试点因其特殊的方法机制,可能会带来一种"政策时差"现象,也即政策实施过程中的"非同步性"特征。试点中,拥有试验点资格的地区或部门可以"先行先试"新的政策方案,紧接着再"由点到面"地将其推广到其他非试验点单位,这使得试验点与非试验点之间在政策执行的时间进度方面不尽一致,一定时期内新旧政策可以在不同地区和部门之间同时并行,政策呈现出"双轨"或"多轨"运行的状态。

局部范围内先行启用政策方案的是试点的关键属性之一,也是其发挥功能的重要作用机制,因此"政策时差"现象也是应用这一方法所会带来的必然结果。作为试验点的部分地区或部门"先行一步",那么非试验点的那些单位自然就是"后行一步"。从整个试点过程来看,试验点与非试验点之间在实现政策"同步"和"并轨"之前,这期间内容构成不同,甚至存在着替代关系的新

旧政策自然是在同时运转着。如果两者"同步""并轨"的时间过长,可能会造成社会公众预期混乱,并且引发地区、部门之间的利益矛盾,进而造成一些跨地区、跨部门的公共事务因规则相异乃至相斥而难以有效完成,有时甚至还可能导致腐败现象。

"试点—推广"式改革充分利用"打时间差"的方法来实现新旧政策交替,这一独具特色的改革策略有效保证了改革的稳定性和平滑性,但亦可能会带来相应的负面影响。公共政策以实现公共利益为首要取向,而试验式改革实际上是通过行政手段来人为地划分出需要实施新政策的范围,于是在此范围之外的那些地区和部门的群体当然就暂时难以受益于新制度所可能会带来的"政策红利"。虽然在社会公众对于服从于整体改革格局这一充分理解的基础上,并通过有意淡化政策的差异性尽量压缩"不同步"的周期等手段,源于新政策"先来后到"所可能会造成的差异性能够被控制在一个可以接受的限度内,试验式改革得以顺利进行下去。但是当这些人为的措施不能奏效时,改革进程在地区和部门间的不一致性,特别是随之而来的政策不公平、政策效果不均衡等一系列问题,自然会导致试验点与非试验点之间出现相应摩擦,给改革试点带来一定的风险,并增加社会不稳定因素。[1] 尤其是具有某些特殊属性的政策安排,如对试验点与非试验点实行区别性对待,其所可能会带来一些预料之外的影响。例如,于 2004 年 7 月开始进行"增值税转型试点"的东北地区即在试点过程中遇到了相关问题。

---

[1]　参见林毅夫、蔡昉、李周:"论中国经济改革的渐进式道路",《经济研究》,1993 年第 9 期。

试 点

　　增值税转型试点在一定时期内打破了增值税抵扣链条的一致性,产生了政策不公平的新矛盾。理论上,增值税是以增值额为课税对象的税种,具有"中性"属性,操作上是一个全面完整、相互连贯的征扣税链条。而目前实行的扩大增值税抵扣范围的增值税转型只在东北地区部分行业试点,打破了增值税抵扣链条的一致性,形成了三类新的不公平。一类是地区间的不公平,即同样的设备在试点地区可以抵扣,在未试点地区就无法实现抵扣;另一类是行业间的不公平,即对于同在试点地区的企业,由于经营品种的不同,购买设备有的可以抵扣,有的不允许抵扣;第三类是企业间的不公平,即对于试点地区内的同一行业的企业,由于其经营规模的限制或者主营业务收入达不到规定标准的,购买设备有的可以抵扣,有的却无法抵扣。这三类不公平,在试点阶段产生了企业经营的不平等竞争,增值税的"中性"属性作用受到影响。

　　　　　　　　　　　　——"增值税转型试点工作的实践与思考"

　　可能正是由于这些经验教训,在其后于 2011 年发布消息、2012 年正式启动的"营业税改征增值税试点"中,作为负责试点的财政部、国家税务总局就试点过程中所可能出现的试点地区与非试点地区、试点行业与非试点行业、试点纳税人与非试点纳税人之间的税制衔接问题专门做了预先安排,以防止之前类似情况的重演。

　　由于增值税和营业税的制度差异,加之本次改革试点仅在个别地区的部分行业实施,必然带来试点地区与非试点地区、试点行业与非试点行业、试点纳税人与非试点纳税人之间的税制衔接问题。为妥善处理好这些问题,试点文件从三个方面做出了安排:

一是不同地区之间的税制衔接。纳税地点和适用税种,以纳税人机构所在地作为基本判定标准。试点纳税人在非试点地区从事经营活动就地缴纳营业税的,允许其在计算增值税时予以抵减。

二是不同纳税人之间的税制衔接。对试点纳税人与非试点纳税人从事同类经营活动,在分别适用增值税和营业税的同时,就运输费用抵扣、差额征税等事项,分不同情形做出了规定。

三是不同业务之间的税制衔接。对纳税人从事混业经营的,分别在适用税种、适用税率、起征点标准、计税方法、进项税额抵扣等方面,做出了细化处理规定。

为保持现行营业税优惠政策的连续性,试点文件明确,对现行部分营业税免税政策,在改征增值税后继续予以免征;对部分营业税减免税优惠,调整为即征即退政策;对税负增加较多的部分行业,给予了适当的税收优惠

——"财政部 国家税务总局负责人就营业税改征增值税试点答记者问"

新华社北京 2011 年 11 月 17 日电

作为一项牵涉面广、操作复杂且还需要保持较高成功率的改革手段,进行试点并不仅仅是将新政策施加于试验点,然后观察其与非试验点之间的不

同之处那样简单。试验式改革既要通过"循序渐进"的方式完成改革任务,又要尽可能避免由此带来的"不良反应",即化解试验点与非试验点之间所可能出现的摩擦,巧妙地在两者之间维系着某种平衡。这实际上都是对改革者智慧与勇气的考验。

三、政策势差:试验性政策与法律法规的冲突

试点所带来的第二个衍生性影响,是实施于试验点的新政策方案,可能或者说经常会与现行法律法规之间形成摩擦。处于试点阶段的新政策在成为正式制度之前,在内容上或多或少地存在与现行的法律法规不甚符合乃至相冲突的地方。对于试验点来说,其与非试验点之间在政策运行方面的差异属于"外冲突",而其与现行法律法规在政策实施方面的矛盾则属于"内冲突",同时这也是一个更难应对的难题。表面看来,相较于正式的制度性规定,这些试验性质的政策要"低半格",两者之间存在着"天然的势差"。但现实情况却是,在"大胆试验""勇于创新"的名义下,试验点所推行的新政策完全可以突破现行制度规定,乃至反而比已有法律法规"高半格",从而形成"人为的势差",并且这一势差可能会带来相应的负面影响。

从制度变迁的内在逻辑来看,中国的多数改革都是以"政策实施先行、法律确认在后"的顺序及形式依次展开的,这一特点在试点中体现得尤为明显。比如,在20世纪80年代前期,哈尔滨等7个城市被指定为法制建设全面试点区域。而家庭承包制、股份制、破产法、土地使用权转让制度都曾在全国不同地区试点,最后由全国性立法机关来对这些试点成果做出采纳,或者将其直

接上升为法律、或者对原有法律中的内容缺漏予以修订和完善。① 自下而上地看,试验性改革秉承"有总比无好"的指导思想,将开展试点作为正式法律法规的一个重要来源,来自于试验点的试点成果为改革所需法律法规的出台提供了主要内容;自上而下地看,试验性改革秉承"先粗线条立法、后精细化完善"的行动路径,有的法律法规在全面实施之前,还需要被先行置于部分试验点进行测试,经历一个试运行阶段后方可以真正得到正式认可。

中国改革的现实决定了试点的一个重要功能及目标,就是填补某个领域的制度性空白,为其提供相应的内容。特别是在改革的初期,只能是通过试点,依靠各个试验点的摸索,一点点地积累制订正式制度所需的知识、信息和经验等。在这一背景下,改革实践既不可能去寻求法律依据,更不可能受到法律的指导和规束,这些看似"不合常规"的改革行动实际上恰好体现了基于试验性改革实践的"正常"状态。

整个 80 年代,社会保险改革的推进异常艰难,没有一个"红头文件",只能动员各地以试点来推动工作,各地也只能靠嘴巴来宣传和推动社保工作,每一项工作都很不容易。法定强制社会保险,没有法律依据开展工作,应该说是不正常的。

1988 年 3 月,劳动人事部"分家"。部里决定我到劳科所去搞社会保险研究,我在清理办公室文件时,装订了整整 20 大本。回过头来看,社会

---

① 参见张建伟:"'变法'模式与政治稳定性——中国经验及其法律经济学含义",《中国社会科学》,2003 年第 1 期。

试　点

保险理论的规定性、规律性、方法论、现实问题和经验教训,是我摸索中认识到的。各项制度的改革框架和退休费统筹是试点实验和各方面周旋的成果①。

——"社保初期改革:摸'试点'过河"

然而,随着改革以来制度建设进程的持续推进,法律法规体系已渐为完备,多数试点项目的目标已转为创造新制度以取代现行制度。在这些改革领域,试验性政策越来越多地面临着与某一现行法律法规相抵触的问题。在多个领域的改革步入深层次阶段的背景下,"突破现行体制和政策"成为各个试点项目中最为常见的寄语。究其原因,首先是出于鼓励试验点大胆探索、勇于创造的考虑,同时更重要的在于,它是在提醒试验点,要对试点进行过程中新政策与旧制度之间所可能会产生摩擦和矛盾这一预计情况做好物质和心理上的事先准备。

"破旧立新"的试验性改革,当然难免会与既定法律法规发生冲突。开展试点的目标指向就在于对一些不合时宜的法律法规做出修订,甚至需要废除一些法律法规。但在这些法律法规还未得以正式修订或废除之时,安排于试验点所运行的新政策如在内容方面与现行制度有着较大的差异以及矛盾之处,甚至保持着高于法律法规的姿态,这自然就难免会影响到法律的严肃性。源于试点而来的多样化政策共同运行的结果可能会造成试验性政策与已有

---

① 夏波光:"社保初期改革:摸'试点'过河——访原劳动人事部保险福利局局长傅华中",《中国社会保障》,2008 年第 12 期。

法律法规之间的摩擦和冲突,破坏法律的统一性、完整性。① 同时,更重要的在于,这不免会使得公众产生部分试点主体存在着通过试验来进行"寻租"的机会主义倾向的忧虑,即试验点完全可以在开展试点这一名义下,通过有别于现行制度的试验性政策,来进行"创租""寻租"。例如,启动于 2011 年的"房产税改革试点",刚一开始就面临着改革试验缺乏法律依据的争议。

即使试点成功了,但法律却被忽视,弊远大于利。

对此,力挺房产税的财政部专家则有自己的看法。

改革试点不需要立法。你要抓住"试点"这个字眼,这个问题就全解决了。贾康对本报回应说,先做试点,等铺开了后再以法律形式完善。

去年 6 月份,国务院公布的《2010 年深化经济体制改革重点工作的意见》,将"逐步推进房产税改革"列入了当年的财税体制改革的目标当中。

在贾康看来,其实红头文件也是我国法律体系中的一种授权,是带有法律效力的依据。做试点,不是要违背法制化的原则。改革需要试点,但不是先要形成法律,再来确定试点,这两者不是非此即彼的关系。贾康对本报说。

但对于这一解释,朱征夫并不认同。

不要以"试点"的名义,就什么都可以不顾虑了。朱征夫回应说,这

---

① 参见张建伟:"'变法'模式与政治稳定性——中国经验及其法律经济学含义",《中国社会科学》,2003 年第 1 期。

试　点

是一个政府应如何使用法律所赋予的权限依法行政的问题。

面对争议，贾康认为，房产税的征收涉及各方面的利益，目前最好的方式是暂且搁置争议，尽快在一线城市对个人所有非营业用的房产试点征收房产税，然后再对争议进行开明的讨论。

在朱征夫看来，试点也可以，但首先要让全国人大授权。

他再三对记者强调他不是特定利益集团的代言人，反对房产税的立场并不意味着他反对楼市调控。我所做的，只是想维护宪法的尊严。既然制定了法律，就要遵守。朱说，否则即使试点成功了，但法律却被忽视，弊远大于利。

——"政协委员强烈反对征房产税 请政府给宪法留面子"

《21 世纪经济报道》，2011 年 1 月 26 日

为回应社会各界对改革试点的质疑，此次房产税改革试点的主要负责部门，包括财政部、国家税务总局、住房和城乡建设部等，在之后以"答记者问"的形式暂时解答和化解了该项改革试点工作的法律依据问题，这值得其他存在着类似问题的改革试点工作借鉴。但从长远发展特别是"依法治国"这一背景下来看，试验性政策与现行法律法规之间所可能会形成的摩擦依然是试点需要认真且长期面临着的一个重要问题。

问：房产税改革试点的法律依据是什么？

答：《房产税暂行条例》是依据全国人大常委会有关授权决定，由国

务院制定的。房产税制度也需要根据情况的变化进一步改革完善。国务院常务会议同意在部分城市进行对个人住房征收房产税改革试点,具体征收办法由试点省(自治区、直辖市)人民政府从实际出发制定。这为部分城市进行房产税改革试点提供了依据,有利于这项改革稳步进行,并为逐步在全国推开这项改革,进一步完善房产税制度积累经验。

——"财政部、国家税务总局、住房和城乡建设部有关负责人就房产税改革试点答记者问"

新华社北京 2011 年 1 月 27 日电

第三节　试点演进的总体观

本书的主要目标不在于提出政策建议,而是为了厘清现实并尝试做出解释。但是在研究过程中,也得出了一些对试点的发展进程具有政策性指导意义的思路和看法。显然,将研究成果发展成为可操作的政策建议还需要进行大量细致的后续性研究。因而此处对试点未来发展路向的分析是初步、简略和探讨性的。同时,它又是对试点乃至中国政策过程中一些重要方面进行具体研究的一个开端。

应该看到,中国治理结构对于自身均衡性的追求将长时期存在于现代化建设过程中,由此随之而来的治理实践中的诸种悖论式问题及现象都是这一制度逻辑的表现形式,短时间内难以从根本上对其做出改变。当然,对于试点所可能会带来的衍生性影响及其潜在的问题也需要正视。虽然从目前来看,无论是在出现频率,还是作用力度等方面,试点的衍生性影响还未明显或完全显现。然而随着改革事业迈入新的阶段,对它们可能会带来的"意外情况"需要做好相应的预设性准备。

一、试点演进的法治观

立足于法治化,是试点在未来需要注意的首要着眼点。为使试点得以在法治化框架内规范化地进行,就要通过巧妙的制度安排,尽量缩减试点方案及行为与法律法规条文可能出现冲突的空间和几率,达到既能给改革试点开绿灯,但又不妨碍法律严肃性的良性状态。对于与既有法律法规可能形成冲突的改革试点,试点工作的主要负责部门可请求立法机构进行授权。授权时应该明确两个最主要的事项:一是试点方案在试验点范围内可以暂时替代相关法律法规条文,具有法律效力。待试点工作结束后,应及时进行总结,明确试点方案内容中可作为立法或法律修订的来源部分。[①] 二是明确试点过程中的责任认定办法,尤其是如果试验点出现"创造性违法",甚至试点失败并遭受相关损失时,应予以相应的豁免,或只需承担试点工作本身带来的后果,而不应该受到额外责罚。这有助于打消试验点的事前顾虑,保障其积极性。同时,在这一过程中,还需要从另外两个方面对其进行配合。

一是对于试点工作实施的期限应有较为明确的限定。任何一项改革试点

---

① 参见党国英:"改革试点要法制化",《人民论坛》,2011 年第 9 期。

都不能过于长久甚至无限期地进行。一般来说,一个试点项目的进行时间不宜超过 5 年,也即一届政府的任期。如果是较为重大或具有特殊性质的改革试点,可考虑分阶段地进行,但每一阶段也都应有明确的时限。同时,还要根据时间进度安排,实时跟进试验点的情况,并做出阶段性的评估和反馈。这样做的目的,是为了将试验点与非试验点可能会出现"政策摩擦"的状况尽量置于可预期的范围和程度内。如果进行试点的时间长度一味地模糊化和不确定,对于改革试点工作长期没有一个"说法",既使得试验点的改革存在着出现"拖沓"和"疲劳"的可能,并且还可能造成非试验点改革积极性的下降。

省直管县改革到底怎么搞?从 2005 年到现在,地方一直在探索,而中央只是原则性地说说。五六年了,也没有一个全面的文件来指导,各个地方的探索经验也还没有变成中央的政策。

由于缺乏中央统筹,各省的做法很不一样,有的是让强县扩权,但也有的省却是把一些特别穷的县推成省直管县。还有,比如广州周边几个市,不愿意被省里管,因为广州财力强,它们希望被广州管。

中央迟迟没有配套措施出台,导致地方产生了观望情绪,大家感觉改革出现了疲劳症。改革有风险,谁愿意担这个风险?所以大家就都明哲保身,搞发展去了,喜欢修路,不图创新。所以现在有很多批评的声音,说官员不作为。

——"省直管县改革出现'疲劳症'"

《南方周末》,2012 年 2 月 2 日

试　点

二是对于试点工作实施的范围应有严格的限制。得到相应授权的试验点应严格在授权范围之内开展活动，不得随意采取逾越授权文本规定的行动；而没有被纳入试验点的地方或部门，也应严格按照既有法律法规办事，不得随意采取与既有法律法规相抵触的行动。特别是对于非试验点而言，由于部分改革试点政策多少带有"政策红利"的性质，"先行先试"可能就意味着会"先到先得"，以致经常出现各个地方或部门"竞争"试验点名额的现象。事实上，只要前面所说的对于试点工作的时间期限安排得当，能够使非试验点对改革进程有足够的预期，有所期待、有个盼头，那么它们不顾改革整体安排而擅自进行试点的可能性就会大大降低。

2010 年第 132 次国务院常务会议便已有决议，要求试点的地方要严格按照有关规定，坚持局部试点、封闭运行、规范管理，不得扩大试点范围。农村建设用地整治所腾出的土地首先要复垦耕地，严禁以整治为名，扩大城镇建设用地规模。对未经批准擅自开展挂钩试点、超出试点范围开展增减挂钩和建设用地置换或擅自扩大挂钩周转指标规模的，要严肃追究有关地方政府负责人及相关人员的责任，并相应扣减土地利用年度计划指标。

受此压力，国土资源部近期也加大了对试点地区的监管。此前不久，成都首次面向开发商的农村建设用地指标交易被突然叫停。

——"国土部清查城乡建设用地增减挂钩 部分试点已被叫停"

《经济观察报》,2011 年 1 月 6 日

二、试点演进的横向观与纵向观

新时期改革事业的一个主要特征就是各改革领域进展不一,而且多个领域的改革线程同时开启并相互交织的改革态势越来越明显。为有效应对这一局面,试点也需要做出相应的调整,在横向上注重总体设计、间接指导与自主探索相结合,在纵向上注重"顶层设计"与"基层创意"相结合,从而共同在试点的类型、内容与实施主体间形成有效的补充、配合及平衡。

——在横向上,对试点在不同改革领域的功能定位做出各有侧重的划分和界定。目前,中国的改革开放进程已进入一个新的阶段,这具体表现为部分领域的改革逐渐步入成熟期,部分领域的改革进入开拓期,同时改革的复杂性、关联性越来越突出。转型期的这些新特征,使得处于不同改革进度的各个领域的目标导向发生相应的变化和分化。进而,它也会使作为配合改革实施方法论工具的试点发生与之相联动的改变。这些变化所产生的综合性作用传递到试点的具体演化方面,主要就表现为,在较为成熟的改革领域,试点越来越强调其整体性、综合性和指导性,强调对试点工作操作的系统性设计;而对于在正步入开拓期的改革领域及事项方面,单一性和独立性的试点仍要居于主导地位。简言之,新时期的改革事业将越来越强调试点在总体设计与局部探索、整体指导与自发创新之间求得进一步的分化及整合。

经过较长时期的探索和积累,有些领域的改革已经进入成熟期和总结期,制度建设及相应的试点在经历一段时间的磨炼之后日臻成熟,并总结出一套较为完整的办法。同时,随着经济社会转型向着纵深前行,改革的复杂

试　点

性和艰巨性也日益显现,牵涉面越发广泛,开展单一性的改革试点已难以达到预期目标,需要对试点类型及方法进行相应的调适。因此现在既有必要、也有条件和能力强化相关改革的整体设计和总体安排,明确改革的优先顺序和重点任务,将整个改革战略分化设置为更为细化的多个试点项目,在进行总体布局的基础上分别开展重点突破,然后再重新进行整合。试点的整体性、综合性、指导性程度将会得到明显提升,试点的类型宜以综合性较强的试验区、试点项目为主,比如综合配套改革试验区、部省共建的试验区、部委指导建设的试验区,以及跨地区、跨领域的大型试点项目等。近年来不断设立的综合配套改革试验区,以及 2010 年 7 月 29 日公布的《国家中长期教育改革和发展规划纲要》(2010—2020 年)中所公布的 10 个改革试点,即是这一发展趋向的显著事例。

当然,强调对试点进行总体规划并不等于忽视甚至放弃单一式分散试点的方式。随着改革议程的不断更新,对于那些新近启动的改革还缺乏相应的知识和经验积累,缺乏成熟的想法,事实上难以进行总体规划,开展少量的单一性、独立性试点仍具有显著的积极意义,试点类型以个体性较强的试验区、试点项目为宜,比如地方自建的试验区、单一地区或单个领域内的中小型试点项目等。总而言之,在对试点这一重要方法论进行调整和优化的过程中要避免泛泛地一概而论,既要强调总体规划,也要注意充分调动各方面的改革积极性,尊重首创精神。

——在纵向上,针对试点在不同改革领域各有侧重,试点的实施主体也应有所不同,才能与之形成配合。在改革试点中,自上而下的各个实施主体间各有其相对优势。中央政府的优势主要体现为协调能力,以及对来自各个地方的信息进行加总后的战略判断能力;地方政府的优势主要体现为信息收集能力,特别是由于中国地域庞大但相互间却又千差万别,于是地方政府对于"本土知识"的捕捉和运用能力就显得十分重要。[①] 因此,在理想状态下,最优的改革试点实施路径应该是这样的:综合性较强、牵涉面较广的改革领域,对于协调各方的需求更为迫切,应该以协调能力更强的中央政府为主;单一性、独立性较强的改革领域,对于各种信息的需求更为迫切,应该以信息能力更强的地方政府为主。综合起来,未来可以考虑从宏观、中观、微观这三个层面系统推进试点:一是涉及重大标准、重要制度改革的试点,以及复杂、敏感、系统性强的改革,由中央层面直接进行统筹谋划,在做好整体设计的基础上统一组织实施;二是对一些重点领域和关键环节改革的试点,由省级人民政府和中央有关部门在中央指导下开展相应试点,取得经验后,再总结推广;三是各地尤其是基层结合自身实际,根据总体要求,在得到相关许可后自行组织改革试点。

需要强调的是,本书提出的这些政策性思考并不意味着试点所可能面临的种种困境就可以迎刃而解。特别是在"均衡性治理"这一制度逻辑未有改变的前提下,本书也无意为从根本上化解试点的种种衍生影响寻找对策性出路。同时,本书只是从一个特定的角度来分析讨论试点所涉及的一系列现实及理论问题,对于某些因素和变量可能未有涉及,但这并不意味着它们不重

[①] 参见聂辉华:"对中国深层次改革的思考:不完全契约的视角",《国际经济评论》,2011 年第 1 期。

試　点

要,而只是笔者在理论抽象取舍上的抉择所致。对于试点及中国治理实践中一系列重大问题的探究,本书只是一个初步的尝试,希望能够抛砖引玉,推动有关于这一论题的更深层次、更精细化的讨论研究,将中国政策过程研究置于更加坚实的社会科学研究基础之上。

中国在转型中学习转型、在改革中学习改革,伴随这一历史进程的试点,恰当地体现了这一中国特有的发展逻辑。依靠法治的规范、科学的方法,可以期待"试验策略"的传奇能够延续,改革获得的收益会更多,改革付出的成本会更少。[1] 中国在现代化之路上将源源不断地展开一幅幅新的画卷。

---

① "'试验策略'的变与不变",《人民日报》,2007 年 6 月 27 日。

第七章　新时代试点的新动向

党的十八大以来，紧密结合"顶层设计"与"基层探索"这一双重发展策略，是试点在新时代发展演化的一个基本特征。尤其是在全面深化改革实践中，试点策略及方法在顶层设计的指导下，发挥着更好的作用。

首先，党中央确立了试点发展的新思路——通过"顶层设计"来对试点进行通盘统筹部署。新时代强调试点工作要在顶层设计和指导下操作，注重对各种试点的引领、规划、指导，综合把握试点政策的界限、范围、尺度、节奏，给予地方试点更强的方向性、整体性，避免陷入漫无目标、各自为战的碎片化状态。同时，对于矛盾问题多、攻坚难度大，涉及风险因素和敏感问题的改革试点，中央层面通过适时、适度地主动介入，强化了对试点地区的支持和帮助力度。

其次，党中央进一步明确了试点的两个核心任务。一是制度创新，通过

试　点

赋予试点地区更大的自主探索权限,典型的如自由贸易试验区建设,驱动试点工作创设出全新的制度方案、政策点子,而非一味热衷于抢帽子、争政策、要资金、跑项目等。同时,对试点地区的探索予以更为全面的支持,既鼓励创新、表扬先进,也允许试错、宽容失败。二是做到可复制可推广,要求试点工作的创新和改革成果不能是"昙花一现",必须经受得住时间和空间的双重考验。新的制度和政策不能仅限于"一时一地",在更长的时间周期,更大乃至全国性的地域范围内,都要具有同等效果的适用性。

从中央全面深化改革历次会议中可以看到,试点正在以更加全面的功能,全方位服务于各层级、各领域的改革实践中(参见表7.1)。

表7.1　中央全面深化改革历次会议涉及的相关试点文件

会议时间	文件名称
2014 年 9 月 29 日 中央全面深化改革领导小组第五次会议	《积极发展农民股份合作赋予集体资产股份权能改革试点方案》
2014 年 10 月 27 日 中央全面深化改革领导小组第六次会议	《关于中国(上海)自由贸易试验区工作进展和可复制改革试点经验的推广意见》
2014 年 12 月 2 日 中央全面深化改革领导小组第七次会议	《关于农村土地征收、集体经营性建设用地入市、宅基地制度改革试点工作的意见》《最高人民法院设立巡回法庭试点方案》《设立跨行政区划人民法院、人民检察院试点方案》
2015 年 4 月 1 日 中央全面深化改革领导小组第十一次会议	《关于城市公立医院综合改革试点的指导意见》《人民陪审员制度改革试点方案》

续表

会议时间	文件名称
2015 年 5 月 5 日 中央全面深化改革领导小组第十二次会议	《关于在部分区域系统推进全面创新改革试验的总体方案》《检察机关提起公益诉讼改革试点方案》《中国科协所属学会有序承接政府转移职能扩大试点工作实施方案》
2015 年 7 月 1 日 中央全面深化改革领导小组第十四次会议	《关于开展领导干部自然资源资产离任审计的试点方案》
2015 年 9 月 15 日 中央全面深化改革领导小组第十六次会议	《法官、检察官单独职务序列改革试点方案》《法官、检察官工资制度改革试点方案》
2015 年 11 月 9 日 中央全面深化改革领导小组第十八次会议	《全国总工会改革试点方案》《上海市群团改革试点方案》《重庆市群团改革试点方案》《国家高端智库建设试点工作方案》
2015 年 12 月 9 日 中央全面深化改革领导小组第十九次会议	《国务院部门权力和责任清单编制试点方案》《中国三江源国家公园体制试点方案》《关于在全国各地推开司法体制改革试点的请示》《公安机关执法勤务警员职务序列改革试点方案》《公安机关警务技术职务序列改革试点方案》
2016 年 1 月 11 日 中央全面深化改革领导小组第二十次会议	《关于开展承担行政职能事业单位改革试点的指导意见》
2016 年 3 月 22 日 中央全面深化改革领导小组第二十二次会议	《关于加强和规范改革试点工作的意见》
2016 年 4 月 18 日 中央全面深化改革领导小组第二十三次会议	《宁夏回族自治区空间规划（多规合一）试点方案》

试 点

会议时间	文件名称
2016 年 5 月 20 日 中央全面深化改革领导小组第二十四次会议	《探索实行耕地轮作休耕制度试点方案》
2016 年 6 月 27 日 中央全面深化改革领导小组第二十五次会议	《关于设立统一规范的国家生态文明试验区的意见》《国家生态文明试验区（福建）实施方案》《关于海南省域"多规合一"改革试点情况的报告》
2016 年 7 月 22 日 中央全面深化改革领导小组第二十六次会议	《贫困地区水电矿产资源开发资产收益扶贫改革试点方案》《关于认罪认罚从宽制度改革试点方案》《关于省以下环保机构监测监察执法垂直管理制度改革试点工作的指导意见》
2016 年 8 月 30 日 中央全面深化改革领导小组第二十七次会议	《关于在部分省份开展生态环境损害赔偿制度改革试点的报告》《关于清理规范改革试点情况的报告》
2016 年 10 月 11 日 中央全面深化改革领导小组第二十八次会议	《省级空间规划试点方案》
2016 年 12 月 5 日 中央全面深化改革领导小组第三十次会议	《关于健全国家自然资源资产管理体制试点方案》《关于开展知识产权综合管理改革试点总体方案》《大熊猫国家公园体制试点方案》《东北虎豹国家公园体制试点方案》《关于农村集体资产股份权能改革试点情况的报告》

续表

会议时间	文件名称
2016 年 12 月 30 日 中央全面深化改革领导小组第三十一次会议	《推行行政执法公示制度、执法全过程记录制度、重大执法决定法制审核制度试点工作方案》《关于开展落实中央企业董事会职权试点工作的意见》
2017 年 2 月 6 日 中央全面深化改革领导小组第三十二次会议	《按流域设置环境监管和行政执法机构试点方案》《关于全国总工会改革试点工作总结报告》《上海市委全面深化改革领导小组关于群团改革试点工作总结的报告》《重庆市委全面深化改革领导小组关于群团改革试点工作总结的报告》
2017 年 3 月 24 日 中央全面深化改革领导小组第三十三次会议	《全面深化中国（上海）自由贸易试验区改革开放方案》
2017 年 5 月 23 日 中央全面深化改革领导小组第三十五次会议	《跨地区环保机构试点方案》《关于检察机关提起公益诉讼试点情况和下一步工作建议的报告》
2017 年 6 月 26 日 中央全面深化改革领导小组第三十六次会议	《祁连山国家公园体制试点方案》《国家生态文明试验区（江西）实施方案》《国家生态文明试验区（贵州）实施方案》《国家生态文明试验区（福建）推进建设情况报告》《中国（广东）、中国（天津）和中国（福建）自由贸易试验区建设两年进展情况总结报告》
2017 年 7 月 19 日 中央全面深化改革领导小组第三十七次会议	《党的十八届三中全会以来改革试点工作进展情况报告》

试 点

会议时间	文件名称
2017 年 8 月 29 日 中央全面深化改革领导小组第三十八次会议	《关于上海市开展司法体制综合配套改革试点的框架意见》《宁夏回族自治区关于空间规划(多规合一)试点工作情况的报告》
2017 年 11 月 20 日 十九届中央全面深化改革领导小组第一次会议	《关于拓展农村宅基地制度改革试点的请示》
2018 年 3 月 28 日 中央全面深化改革委员会第一次会议	《进一步深化中国(广东)自由贸易试验区改革开放方案》《进一步深化中国(天津)自由贸易试验区改革开放方案》《进一步深化中国(福建)自由贸易试验区改革开放方案》
2018 年 5 月 11 日 中央全面深化改革委员会第二次会议	《推进中央党政机关和事业单位经营性国有资产集中统一监管试点实施意见》
2018 年 7 月 6 日 中央全面深化改革委员会第三次会议	《关于建设新时代文明实践中心试点工作的指导意见》《关于开展县以下事业单位管理岗位职员等级晋升制度试点工作的实施意见》
2018 年 9 月 20 日 中央全面深化改革委员会第四次会议	《关于支持自由贸易试验区深化改革创新的若干措施》
2018 年 11 月 14 日 中央全面深化改革委员会第五次会议	《国家组织药品集中采购试点方案》
2019 年 1 月 23 日 中央全面深化改革委员会第六次会议	《在上海证券交易所设立科创板并试点注册制总体实施方案》《关于在上海证券交易所设立科创板并试点注册制的实施意见》《国家生态文明试验区(海南)实施方案》《海南热带雨林国家公园体制试点方案》

会议时间	文件名称
2019 年 7 月 24 日 中央全面深化改革委员会第九次会议	《区域医疗中心建设试点工作方案》《国家产教融合建设试点实施方案》
2020 年 2 月 14 日 中央全面深化改革委员会第十二次会议	《赋予科研人员职务科技成果所有权或长期使用权试点实施方案》《关于深化事业单位改革试点工作的指导意见》《关于深入推进国家高端智库建设试点工作的意见》
2020 年 4 月 27 日 中央全面深化改革委员会第十三次会议	《创业板改革并试点注册制总体实施方案》
2020 年 6 月 30 日 中央全面深化改革委员会第十四次会议	《深化农村宅基地制度改革试点方案》

资料来源:作者根据中央全面深化改革历次会议的相关内容整理而成,统计日期截止到 2020 年 12 月 31 日。

与此同时,在更加具体的推广试点成果这一操作化层面,新时代更加强调对试点成果的复制、推广过程的顶层指导和推动。从国务院公开发布的一系列试点推广政策文件中可以看到,中央政府直接参与到试点推广过程中的深度和幅度,呈现出全面扩展的趋势(参见表 7.2)。对于试点改革过程中得出的政策成果,哪些内容可以推广、推广到全国还是区域范围、展开推广工作的速率、完成推广的时间点、推广效果的考核方法及标准、推广考核结果的奖惩等,都在中央政府的全程掌握中。

试 点

表7.2 国务院公开发布的试点推广相关文件

文件名称	发布日期
《国务院关于做好自由贸易试验区第六批改革试点经验复制推广工作的通知》(国函〔2020〕96号)	2020年7月7日
《国务院办公厅关于推广第三批支持创新相关改革举措的通知》(国办发〔2020〕3号)	2020年2月21日
《国务院办公厅关于做好优化营商环境改革举措复制推广借鉴工作的通知》(国办函〔2019〕89号)	2019年9月19日
《国务院关于做好自由贸易试验区第五批改革试点经验复制推广工作的通知》(国函〔2019〕38号)	2019年4月30日
《国务院办公厅关于推广第二批支持创新相关改革举措的通知》(国办发〔2018〕126号)	2019年1月8日
《国务院关于做好自由贸易试验区第四批改革试点经验复制推广工作的通知》(国发〔2018〕12号)	2018年5月23日
《国务院办公厅关于推广支持创新相关改革举措的通知》(国办发〔2017〕80号)	2017年9月14日
《国务院关于做好自由贸易试验区新一批改革试点经验复制推广工作的通知》(国发〔2016〕63号)	2016年11月10日
《国务院办公厅关于印发三网融合推广方案的通知》(国办发〔2015〕65号)	2015年9月4日
《国务院办公厅关于推广随机抽查规范事中事后监管的通知》(国办发〔2015〕58号)	2015年8月5日
《国务院关于推广中国(上海)自由贸易试验区可复制改革试点经验的通知》(国发〔2014〕65号)	2015年1月29日

资料来源:作者根据中央人民政府网站中的相关内容整理而成,统计日期截至2020年12月31日。

展望　作为政策选拔制的中国试点

　　围绕着试点这样一个反映中国政策过程重要侧面与局部特征的"中国故事",本书运用现代社会科学的理论与方法对其展开了系统的梳理和解析。基于这一研究主题,从一个特定的视角和侧面来透视中国政策过程的特殊性、规律性,是本项研究工作的学术动力和理论企图所在。

　　本研究致力于描绘并分析试点为何存在、如何运转,经过一系列的准备和努力,目前研究工作在试点的历史脉络、技术性特征、逻辑导向等方面取得了一定的研究进展。整个研究工作试图尽可能系统而完整地解答试点从哪里来、现时状态、到哪里去等基本问题,以及在这些研究积累的基础上尝试着推导出一个解析试点逻辑导向的因果机制,并且在未来接续性的研究中进一步强化这一分析框架的解释力和包容力。显然,现在整个研究工作的进度和程度还难以完成对整个试点研究中各种问题的解答,对于许多论题还有待于

试　点

今后做进一步的努力。

在学术共同体的关注下,有关于试点的各类研究,不可不谓丰富和繁荣。但对于试点在中国国家治理体系布局中的"方位"究竟是什么,却仍旧是一个悬而未决的议题。本研究对于试点主题的旨趣是长期性和追踪性的,力图在未来的研究规划中持续展开攻坚,提出一个新的探索性阐释并具体解析,也即将试点定位为:中国国家治理体系中的一种"政策选拔制"。

中国别具一格的国家治理观,共同塑造出以试点为内核的政策选拔制。一是国家治理的空间观,在超大规模的单一制国家内部,拥有足够广的政策选材面和足够多的政策样本量。二是国家治理的时间观,通过主动设置"政策时区"、调整"政策时差",全面掌控治理进程。三是国家治理的避险观,极度重视社会稳定和政策风险。基于政策选拔制的运行,试点贯通并引发了顶层设计与基层探索的链式反应,使得中国的治国理政事业和改革行动呈现出自成一派的景象。未来还需拓展的部分研究议题包括:政策选拔制的类型分野、流程制式、通关节点,等等。

以试点这一研究主题为起点和基点,作者期望能够在中国政策过程的知识积淀与理论建构方面做出相应的努力及贡献。尤其是着眼于扎根中国政策过程的实践与事实,进而将其由经验汇集层面提升至理论建构层面,探索、抽象出反映本土政策过程一般规律的理论框架。这其中的核心研究导向又在于:通过加强对本土政策实践的学术关怀,找出其与已有理论界说的联系与区别,以求能够对整个公共政策过程理论体系产生影响和贡献,与之形成学术对话而不是一味地简单套用它们,仅仅成为各种域外理论的"集散地"。

要实现这一学术使命,需要注重运用现代社会科学研究工具开展长期、扎实的研究,不断发掘新的研究议程和命题,站在追求一般性理论的高度去观察、概括中国的政策过程现象。讲透政策过程的"中国道理",讲好政策过程的"中国故事"。

附录 试点资料汇编

一、中国共产党历次党代会文件中关于试点的表述

"各项改革都要注重试验,鼓励探索,注意找到切实的过渡措施和办法,做到循序渐进。"

"没有探索,没有创新,没有不同试验的比较和不同意见的讨论,我们的事业就没有生气。"

——《中国共产党第十三次全国代表大会报告》,1987 年 10 月 25 日

"党中央尊重群众愿望,积极支持试验,几年功夫在全国推开。"

"兴办深圳、珠海、汕头、厦门四个经济特区是对外开放的重大步骤,是利用国外资金、技术、管理经验来发展社会主义经济的崭新试验,取得了很大成就。"

"要大胆探索,敢于试验,及时总结经验,促进体制转换的健康进行。"

"各级领导机关和领导干部要在改革和建设的实践中,把党的路线方针政策同本地区本部门的具体情况结合起来,勇于探索,大胆试验,及时总结经验,创造性地开展工作。"

　　　　——《中国共产党第十四次全国代表大会报告》,1992 年 10 月 12 日

"把社会主义同市场经济结合起来,是一个伟大创举。这就需要积极探索,大胆试验,尊重群众的首创精神。"

　　　　——《中国共产党第十五次全国代表大会报告》,1997 年 9 月 12 日

"鼓励地方、基层和群众大胆探索,加强重大改革试点工作,及时总结经验,宽容改革失误,加强宣传和舆论引导,为全面深化改革营造良好社会环境。"

　　　　——《中共中央关于全面深化改革若干重大问题的决定》,2013 年 11 月 12 日

"坚持蹄疾步稳推进改革,条件成熟的加大力度突破,条件暂不具备的先行试点、渐次推进。"

　　　　——《中共中央关于深化党和国家机构改革的决定》,2018 年 2 月 28 日

试 点

二、《国务院政府工作报告》中关于试点的表述

"对于群众的各种创造，必须经过试验，逐步推广。"

——《国务院政府工作报告》，1964 年 12 月 21 日

"建设有中国特色的社会主义，没有现成的经验，只能在探索中前进。因此，应当鼓励大胆试验，在实践中增长才干，闯出一条新路。"

——《国务院政府工作报告》，1992 年 3 月 20 日

"既要敢想敢干，大胆试验，又要注意稳妥，每走一步，回头总结经验，对的就坚持，不对的就改正，不足的加以完善，以避免损失，特别要避免大的损失。"

——《国务院政府工作报告》，1993 年 3 月 15 日

"既要冲破旧的思想禁锢，尊重群众的首创精神，大胆试验创新，在实践中积极探索前进，又要按客观规律办事，审时度势，讲求实效。"

——《国务院政府工作报告》，1998 年 3 月 5 日

"要解放思想，大胆突破，勇于创新，鼓励试验，对办学体制、教学内容、教育方法、评价制度等进行系统改革。"

——《国务院政府工作报告》，2010 年 3 月 5 日

三、改革开放以来历次"五年计划"中涉及试点的内容

题名	涉及事项
"六五"计划	经济体制改革、地方行政管理体制改革、价格体系改革、"以税代利"
"七五"计划	经济体制改革、经济特区
"八五"计划	"利税分流、税后还贷、税后承包"制度、租赁制、股份制、住房制度、社会保障制度、经济特区
"九五"计划	国企建立现代企业制度、城市改革、对外资开放国内市场、经济特区
"十五"计划	农村独生子女户和双女户社会保险、失业保险、经济特区
"十一五"规划	资源枯竭型城市经济转型、循环经济示范、金融业综合经营、产业投资基金、经济特区
"十二五"规划	统筹城乡综合配套改革、扩权强县改革、安全可控关键软硬件应用、海洋经济发展、服务业综合改革、低碳示范、循环经济示范、重金属污染治理与修复、电力输配分开、金融业综合经营、代办股份转让系统、大用户电力直接交易和竞价上网、综合配套改革试验区、沿边重点开发开放试验区、经济特区
"十三五"规划	混合所有制改革、宅基地融资抵押适度流转自愿有偿退出、耕地轮作休耕制度、农业生产全程社会化服务创新、农产品目标价格保险、农民合作社内部资金互助、农业"保险＋期货"、"百县千乡万村"农村一二三产业融合发展、服务业扩大开放、国家信息经济、新型城镇化、房地产投资信托基金、合作办医、全国海洋经济发展、合同节水管理、地下水修复、用地污染治理、低碳、小城镇园区环境综合治理托管服务、长期护理保险、救急难、适老化设施改造、新闻出版传媒企业特殊管理股、全面创新改革试验、农业可持续发展试验示范区、农业物联网区域试验工程、大数据综合试验区、跨境电子商务综合试验区、国家级综合配套改革试验区、重点开发开放试验区、产业转型升级试验区、重点开发开放试验区、边境旅游试验区、国家生态文明试验区、内陆开放型经济试验区、自由贸易试验区、两岸产业合作试验区、职业教育交流合作试验区

资料来源:作者根据"六五"至"十三五"规划纲要中的相关内容整理而成。

试　点

四、国务院政府工作报告中涉及试点的内容（1979—2020）

时间	涉及事项
1979	经济管理体制改革、企业自主管理权
1980	外贸体制改革、经济管理体制改革、"利改税"
1981	经济体制改革、经济特区
1982	经济体制改革、地方行政管理体制改革、价格体系改革、"以税代利"
1983	经济体制改革、流通体制改革、农村商品流通体制改革、经济特区
1984	教育和科研体制改革、住宅商品化、"利改税"、企业内部经济责任制、经济特区
1985	城市改革
1986	经济体制改革、经济特区
1987	经济特区
1988	经济特区、综合试验区、地方政府机构改革、股份制
1989	高等教育综合改革、社会保险和社会保障制度改革、股份制、企业"税利分流"
1990	农村改革试验区、国有企业"税利分流"、分税制、城市综合改革、县级综合改革、经济特区
1991	国有企业"利税分流"、租赁制、股份制、分税制、住房制度和社会保障制度改革、经济特区
1992	住房制度和社会保障制度改革、城市教育综合改革、发行股票和证券交易市场、分税制和税利分流改革、经济特区
1993	中央与地方分税制、国有企业利税分流、经济特区
1994	国有企业建立现代企业制度、城镇医疗保险制度改革、经济特区
1995	国有企业建立现代企业制度、国家控股公司制度、城镇职工医疗保险制度改革、经济特区
1996	国企建立现代企业制度、城市改革、经济特区
1997	国企优化资本结构、国企建立现代企业制度、国有大型企业和企业集团重点建设、医疗保障制度改革、国家控股公司制度、经济特区

时间	涉及事项
1998	国有企业改革、经济特区
1999	国务院向部分国有重点企业派出稽察特派员、小城镇户籍管理制度改革、经济特区
2000	农村税费改革、退耕还林、社会公益类科研机构改革、下岗职工失业保险制度、退休人员由社区管理服务
2001	农村税费改革、城镇社会保障体系、经济特区
2002	完善城镇社会保障体系、农村税费改革、退耕还林、央企收入分配制度改革
2003	国库集中收付制度改革、农村新型合作医疗制度、农村税费改革、完善城镇社会保障体系、相对集中行政处罚权
2004	新型农村合作医疗制度和医疗救助制度、中小学现代远程教育工程、国有商业银行股份制改造、城镇医疗卫生体制改革、农村信用社改革、增值税转型改革、完善城镇社会保障体系、行政综合执法
2005	增值税转型改革、新型农村合作医疗制度、完善城镇社会保障体系、国有商业银行股份制改革、城市医疗服务体制改革、农村计划生育家庭奖励扶助制度和"少生快富"扶贫工程、企业职工基本养老保险做实个人账户
2006	农村综合改革、新型农村合作医疗制度、文化体制改革、循环经济、部分城市和国有企业厂办大集体改革、企业职工基本养老保险做实个人账户、社区首诊制度、煤矿瓦斯综合治理和利用的科技攻关工程、经济特区
2007	循环经济、新型农村合作医疗、企业职工基本养老保险做实个人账户、农业政策性保险、资源枯竭型城市经济转型、以大病统筹为主的城镇居民基本医疗保险、国有资本经营预算编制、经济特区
2008	资源型城市经济转型、增值税转型改革、教育部直属师范大学实施师范生免费教育、城镇职工基本养老保险做实个人账户、城镇居民基本医疗保险、创业风险投资、国有资本经营预算制度、政策性农业保险、公立医院改革、农村养老保险、经济特区

试 点

续表

时间	涉及事项
2009	事业单位基本养老保险制度改革、城镇居民基本医疗保险、农村危房改造、部分住房公积金闲置资金补充用于经济适用住房建设、排污权交易、城镇职工基本养老保险制度做实个人账户、新型农村社会养老保险、公立医院改革、与港澳地区货物贸易的人民币结算、经济特区
2010	跨境贸易人民币结算、事业单位分类改革、新型农村社会养老保险、农村危房改造、农村儿童白血病、先天性心脏病医疗保障、社区首诊、公立医院改革、免费孕前优生健康检查、用电大户与发电企业直接交易、排污权交易
2011	资源税改革、跨境贸易人民币结算、新型农村社会养老保险、低碳城市、城镇居民养老保险、公立医院改革、适龄妇女宫颈癌乳腺癌免费检查和救治保障、免费孕前优生健康检查、增值税改革、排污权有偿使用和交易、经济特区
2012	三网融合、云计算、物联网、湖泊生态环境保护、中小学教师职称制度改革、公立医院改革、城镇居民社会养老保险、新型农村社会养老保险、营业税改征增值税、境外直接投资人民币结算、国有林场改革、物流企业营业税差额纳税、大病保障和救助、免费孕前优生健康检查、碳排放和排污权交易
2013	农村土地承包经营权登记、公立医院改革、营业税改征增值税、排污权和碳排放权交易、重大疾病保障
2014	营改增、中小企业股份转让系统、现代农业综合配套改革、大病医疗保险、疾病应急救助、国有资本投资运营公司、跨境电子商务、深松整地、农村土地制度改革、供销合作社综合改革、国家自主创新示范区股权激励、科技成果处置权收益权改革、服务业综合改革、县级公立医院综合改革、城市公立医院综合改革、自由贸易试验区

续表

时间	涉及事项
2015	营改增、民营银行、沪港通、城乡居民大病保、公立医院改革、输配电价改革、个人投资者境外投资、深港通、股权众筹融资、国有资本投资公司运营公司、跨境电子商务、粮食作物改为饲料作物、农村土地征收、集体经营性建设用地入市、宅基地制度、集体产权制度、城乡建设用地增减挂钩、新型城镇化、特大镇扩权增能、省级深化医改、碳排放权交易、国土江河综合整治、流域上下游横向补偿机制、自由贸易试验区、农村改革试验区
2016	营改增、投贷联动、证照分离、国家服务业综合改革、落实企业董事会职权、市场化选聘经营者、职业经理人制度、混合所有制、员工持股、消费金融公司、新型城镇化、耕地轮作休耕制度、跨境电子商务、服务贸易创新发展、地下水超采区综合治理、公立医院综合改革、分级诊疗、养老服务业综合改革、自贸试验区、全面创新改革试验区
2017	营改增、公立医院综合改革、省以下环保机构监测监察执法垂直管理、耕地轮作休耕改革、市场准入负面清单、"证照分离"改革、国有资本投资运营公司改革、健全国家自然资源资产管理体制、服务业综合改革、知识产权综合管理改革、粮改饲、农村土地制度改革、服务贸易创新发展、森林质量提升、长江经济带重大生态修复、第二批山水林田湖生态保护工程、高考综合改革、医疗联合体建设、分级诊疗、跨境电子商务综合试验区、自贸试验区、国家生态文明试验区
2018	省级以下环保机构垂直管理制度改革、企业投资项目承诺制改革、创业投资天使投资税收优惠政策、国有资本投资运营公司等改革、耕地轮作休耕、国家公园体制改革、自贸试验区、跨境电商综合试验区
2019	科研项目经费使用"包干制"改革、科创板注册制、长期护理保险制度、农村土地征收、集体经营性建设用地入市、宅基地制度改革、政策性农业保险改革、山水林田湖草生态保护修复工程、国有资本投资及运营公司改革、海南自贸试验区、跨境电商综合试验区、上海自贸试验区新片区
2020	创业板注册制、服务贸易创新发展、服务业扩大开放、门诊费用跨省直接结算、上海自贸试验区新片区

资料来源:作者根据国务院政府工作报告(1979—2020)中的相关内容整理而成。

试　点

五、中央全面深化改革历次会议中有关于试点的表述

中央全面深化改革领导小组第七次会议(2014 年 12 月 2 日)

"进行改革试点,对全面深化改革具有重要意义。我国地区发展不平衡,改革试点的实施条件差异较大,要鼓励不同区域进行差别化探索。"

中央全面深化改革领导小组第十三次会议(2015 年 6 月 5 日)

"对一些矛盾问题多、攻坚难度大的改革试点,要科学组织,在总结经验的基础上全面推广。根据改革需要和试点条件,灵活设置试点范围和试点层级。改革试点要注意同中央确定的大的发展战略紧密结合起来,为国家战略实施创造良好条件。要鼓励地方和基层在教育、就业、医疗、社会治理、创新创业等关系群众切身利益的方面积极探索。对涉及风险因素和敏感问题的改革试点,要确保风险可控。"

中央全面深化改革领导小组第二十一次会议(2016 年 2 月 23 日)

"部署改革试点要目的明确,做到可复制可推广,不要引导到发帽子、争政策、要资金、搞项目的方向上。"

中央全面深化改革领导小组第二十二次会议(2016 年 3 月 22 日)

"要准确把握改革试点方向,把制度创新作为核心任务,发挥试点对全局改革的示范、突破、带动作用。要加强试点工作统筹,科学组织实施,及时总结推广。要对试点项目进行清理规范,摸清情况,分类处理。"

中央全面深化改革领导小组第三十一次会议(2016 年 12 月 30 日)

"要抓紧总结汇总试点进展情况,对一些推进难度比较大的试点,有关部门要加大指导和支持力度;对一些局部的试点探索,要重视对制度成果进行总结,使之成为可推广的成果;对实践中矛盾比较大的试点,要如实反映问题,完善政策设计。"

中央全面深化改革领导小组第三十五次会议(2017年5月23日)

"试点是重要改革任务,更是重要改革方法。试点目的是探索改革的实现路径和实现形式,为面上改革提供可复制可推广的经验做法。试点要取得实效,必须解放思想、与时俱进,尽可能把问题穷尽,让矛盾凸显,真正起到压力测试作用。要尊重基层实践,多听基层和一线声音,多取得第一手材料,正确看待新事物新做法,只要是符合实际需要,符合发展规律,就要给予支持,鼓励试、大胆改。要保护好地方和部门的积极性,最大限度调动各方面推进改革的积极性、主动性、创造性。要加大对试点的总结评估,对证明行之有效的经验做法,要及时总结提炼、完善规范,在面上推广。要区分不同情况,实施分类指导,提高改革试点工作有效性。"

"要加强改革试点工作统筹,分析各个改革试点内在联系,合理把握改革试点工作节奏。对具有基础性、支撑性的重大制度改革试点,要争取早日形成制度成果。对关联度高、互为条件的改革试点,要统筹协调推进。对领域相近、功能互补的改革试点,可以开展综合配套试点,推动系统集成。对任务进展缓慢、到期没有完成的改革试点,要提前预警、督促落实。"

中央全面深化改革领导小组第三十七次会议(2017年7月19日)

"党的十八届三中全会以来,党中央部署开展了系列重大改革试点,探索了一批可复制可推广经验,发挥了对全局性改革的示范、突破、带动作用。要加强试点工作的分类指导,已完成试点任务的要尽快在面上推广,已取得阶段性成果的要及时总结推广,进展缓慢和管理不规范的要督促整改落实,综合配套性强的要注意系统集成,实践证明有效的要及时形成相关法律成果。"

"要坚持锐意进取,发扬敢为天下先的改革精神,对改革中的阻力要敢于破除,抓好改革试点工作。"

中央全面深化改革委员会第八次会议(2019年5月29日)

"一些重大试点任务,要抓紧时间,倒排工期,早出成果。"

中央全面深化改革委员会第十二次会议(2020年2月14日)

"指导地方有序开展改革试点并及时总结推广,加强和改进改革宣传工作,一体推进落实党的十九届四中全会重要举措,全面深化改革迈出重要步伐。"

试 点

续表

中央全面深化改革委员会第十七次会议(2020年12月30日)
"我们以人民为中心推进改革,坚持加强党的领导和尊重人民首创精神相结合,坚持顶层设计和摸着石头过河相协调,坚持试点先行和全面推进相促进,抓住人民最关心最直接最现实的利益问题推进重点领域改革,不断增强人民获得感、幸福感、安全感,全社会形成改革创新活力竞相迸发、充分涌流的生动局面。"

资料来源:作者根据中央全面深化改革历次会议的相关内容整理而成,统计日期截至2020年12月31日。

主要参考文献

一、中文著作

1.［德］韩博天:《红天鹅:中国独特的治理和制度创新》,中信出版集团股份有限公司,2018 年。

2.［美］邹党:《二十世纪中国政治》,牛津大学出版社(香港),1994 年。

3.《陈云年谱》(上、中、下卷),中央文献出版社,2000 年。

4.《陈云文选》(第二、三卷),人民出版社,1995 年。

5.《邓小平年谱》(上、下册),中央文献出版社,2007 年。

6.《邓小平文选》(第二卷),人民出版社,1994 年。

7.《邓小平文选》(第三卷),人民出版社,1993 年。

8.《邓小平文选》(第一卷),人民出版社,1989 年。

9.《邓子恢传》,人民出版社,1996 年。

10.《谷牧回忆录》,中央文献出版社,2009年。

11.《毛泽东文集》(第五卷),人民出版社,1996年。

12.《毛泽东选集》(第三卷),人民出版社,1991年。

13.《毛泽东选集》(第四卷),人民出版社,1991年。

14.《毛泽东选集》(第一卷),人民出版社,1991年。

15.《万里文选》,人民出版社,1995年。

16.陈振明主编:《政策科学》,中国人民大学出版社,1998年。

17.丁煌:《西方行政学说史》,武汉大学出版社,2017年。

18.杜润生:《杜润生自述——中国农村体制变革重大决策纪实》,人民出版社,2005年。

19.国家发展改革委宏观经济研究院《迈向低碳时代:中国低碳试点经验》编写组编著:《迈向低碳时代:中国低碳时代试点经验》,中国发展出版社,2014年。

20.国家发展改革委经济体制综合改良司、国家发展改革委经济体制与管理研究所:《中国经济体制改革若干历史经验研究》,人民出版社,2008年。

21.国家经济体制改革委员会综合试点组编:《城市经济体制改革经验选编》,江苏人民出版社,1984年。

22.国家体改委办公厅编:《十一届三中全会以来经济体制改革重要文件汇编》,改革出版社,1990年。

23.国家体改委生产司编:《如何制定现代企业制度试点方案》,改革出版社,1995年。

24. 郝寿义主编：《国家综合配套改革试验区研究》，科学出版社，2008 年。

25. 胡鞍钢、胡联合：《转型与稳定：中国如何长治久安》，人民出版社，2005 年。

26. 胡鞍钢：《中国集体领导体制》，中国人民大学出版社，2013 年。

27. 胡伟：《政府过程》，浙江人民出版社，1998 年。

28. 景跃进、陈明明、肖滨主编：《当代中国政府与政治》，中国人民大学出版社，2016 年。

29. 景跃进、张小劲、余逊达主编：《理解中国政治：关键词的方法》，中国社会科学出版社，2012 年。

30. 李稻葵等：《中国的经验：改革开放四十年的经济学总结》，上海三联书店，2020 年。

31. 李岚清：《突围——国门初开的岁月》，中央文献出版社，2008 年。

32. 李雪峰：《李雪峰回忆录——太行十年》，中共党史出版社，1998 年。

33. 李振：《制度建设中的试验机制：以相对集中行政处罚权制度为案例的研究》，中国社会科学出版社，2019 年。

34. 林毅夫、姚洋主编：《中国奇迹：回顾与展望》，北京大学出版社，2008 年。

35. 钱颖一：《现代经济学与中国经济改革》，中国人民大学出版社，2003 年。

36. 曲青山、吴德刚主编：《改革开放四十年口述史》，中国人民大学出版社，2019 年。

37. 荣敬本等:《从压力型体制向民主合作体制的转变——县乡两级政治体制改革》,中央编译出版社,1998 年。

38. 山西省档案馆编:《太行党史资料汇编》(第二、三、四、五卷),山西人民出版社,1989、1994、1994、2000 年。

39. 上海国内贸易流通体制改革发展综合试点领导小组编著:《新变革新动能:上海国内贸易流通体制改革发展综合试点报告》,格致出版社,2018 年。

40. 上海市中国特色社会主义理论体系研究中心编:《国家试点:上海样本的创新与示范》,上海人民出版社,2017 年。

41. 王沪宁主编:《政治的逻辑:马克思主义政治学原理》,上海人民出版社,2004 年。

42. 王辉:《渐进革命:震荡世界的中国改革之路》,中国计划出版社,2008 年。

43. 王绍光、樊鹏:《中国式共识型决策:"开门"与"磨合"》,中国人民大学出版社,2013 年。

44. 王绍光、胡鞍钢:《中国国家能力报告》,辽宁人民出版社,1993 年。

45. 王绍光、鄢一龙:《大智兴邦:中国如何制定五年规划》,中国人民大学出版社,2015 年。

46. 王绍光:《安邦之道:国家转型的目标与途径》,生活. 读书. 新知三联书店,2007 年。

47. 王绍光:《分权的底限》,中国计划出版社,1997 年。

48. 王仕元主编:《中国综合配套改革试点城市》,改革出版社,1994 年。

49. 魏淑艳:《中国公共政策转移研究》,东北大学出版社,2006 年。

50. 吴国光、郑永年:《论中央—地方关系:中国制度转型中的一个轴心问题》,牛津大学出版社(香港),1995 年。

51. 谢庆奎、燕继荣、赵成根:《中国政府体制分析》,中国广播电视出版社,1995 年。

52. 谢庆奎:《当代中国政府与政治》,高等教育出版社,2005 年。

53. 徐湘林:《渐进政治改革中的政党、政府与社会》,中信出版社,2004 年。

54. 徐湘林:《寻求渐进政治改革的理性:理论、路径与政策过程》,中国物资出版社,2009 年。

55. 杨光斌:《中国政府与政治导论》,人民大学出版社,2003 年。

56. 杨雪冬:《地方治理的逻辑》,社会科学文献出版社,2018 年。

57. 姚洋:《中国道路的世界意义》,北京大学出版社,2011 年。

58. 姚洋:《作为制度创新过程的经济改革》,格致出版社、上海人民出版,2008 年。

59. 于光远、杜润生:《改革忆事》,人民出版社,2009 年。

60. 俞可平、倪元铬编著:《海外学者论中国经济特区》,中央编译出版社,2000 年。

61. 俞可平、托马斯·海贝勒、安晓波主编:《中共的治理与适应:比较的视野》,中央编译出版社,2015 年。

62. 俞可平主编:《政府创新的可持续性研究》,社会科学文献出版社,2019 年。

63. 张维为:《中国震撼:一个"文明型国家"的崛起》,上海人民出版社,2011 年。

64. 张志红,《当代中国政府间纵向关系研究》,天津人民出版社,2005 年。

65. 郑永年:《中国的"行为联邦制":中央 – 地方关系的变革与动力》,东方出版社,2013 年。

66. 郑永年:《中国模式:经验与挑战》,中信出版集团,2016 年。

67. 中共上海市委党史研究室编:《破冰:上海土地批租试点亲历者说》,上海人民出版社,2018 年。

68. 中国抗日战争史学会、中国人民抗日战争纪念馆编:《抗战时期的陕甘宁边区》,北京出版社,1995 年。

69. 中央档案馆编:《解放战争时期土地改革文件选辑 1945—1949》,中共中央党校出版社,1981 年。

70. 中央档案馆编:《中共中央文件选集》(第十八册),中共中央党校出版社,1992 年。

71. 中央档案馆编:《中共中央文件选集》(第十五册),中共中央党校出版社,1991 年。

72. 周黎安:《转型中的地方政府:官员激励与治理》,格致出版社,2017 年。

73. 周望:《理解中国治理》,天津人民出版社,2019 年。

74.周望:《中国"小组机制"研究》,天津人民出版社,2010年。

75.周雪光:《中国国家治理的制度逻辑:一个组织学研究》,生活·读书·新知三联书店,2017年。

76.周振超:《当代中国政府"条块关系"研究》,天津人民出版社,2009年。

77.朱光磊:《当代中国政府过程》(第三版),天津人民出版社,2008年。

78.朱亚鹏:《公共政策过程研究:理论与实践》,中央编译出版社,2013年。

二、英文著作

1. Ann Florini, Hairong Lai and Yeling Tan, *China Experiments*: *From Local Innovations to National Reform*. Washington D. C. : Brookings Institution Press, 2012.

2. Bentley, Arthur F., *The Process of Government*: *A Study of Social Pressures*. Chicago: University of Chicago Press, 1908.

3. Crane, George T., *The Political Economy of China's Special Economic Zones*. Armonk, New York: M. E. Sharpe, Inc. , 1990.

4. Fewsmith, Joseph, *Dilemmas of Reform in China*: *Political Conflict and E-conomic Debate*. New York: M. E. Sharpe, 1994.

5. Goodman, David, *Deng Xiaoping and the Chinese Revolution*: *A Political Biography*. London: Routledge, 1994.

6. Heilmann, Sebastian and Elizabeth J. Perry, eds., *Mao's Invisible Hand*: *The Political Foundations of Adaptive Governance in China*. Cambridge, Mass.: Harvard University Press, 2011.

7. Huang, Yasheng, *Inflation and Investment Controls in China*: *The Political Economy of Central – Local Relations during the Reform Era*. New York: Cambridge University Press, 1996.

8. Jude, Howell, *China Opens Its Doors*: *The Politics of Economic Transition*. Hertfordshire: Wheatsheaf Publishing Co. , 1993.

9. Laliberte, Andre and Narc Lanteigne, *The Chinese Party – state in the 21th Century*: *An Adaptation and Reinvention of Legitimacy*. New York: Routledge, 2004.

10. Lampton, David M., *Policy Implementation in the People's Republic of China*. Berkeley and Los Angeles: University of California Press, 1987.

11. Li, Linda Chelan, *Centre and Provinces*: *China 1978 – 1993, Power as Non – Zero – Sum*. New York: Oxford University Press, 1998.

12. Lieberthal, Kenneth and David M. Lampton, eds., *Bureaucracy, Politics, and Decision Making in Post – Mao China*. Berkeley and Los Angeles: University of California Press, 1992.

13. Lieberthal, Kenneth and Michel Oksenberg, *Policy Making in China*: *Leaders, Structures, and Processes*. Princeton: Princeton University Press, 1988.

14. Lieberthal, Kenneth, *Governing China*: *From Revolution through Reform*.

New York: W. W. Norton & Company, Inc. , 1995.

15. MacFarquhar, Roderick and John K., Fairbank, eds.,*The Cambridge History of China Vol. 14: The People's Republic, Part 1: The Emergence of Revolutionary China 1949 – 1965*. New York: Cambridge University Press, 1987.

16. MacFarquhar, Roderick and John K, Fairbank, eds.,*The Cambridge History of China, Vol. 15: The People's Republic, Part 2: Revolutions within the Chinese revolution, 1966 – 1982*. New York: Cambridge University Press, 1991.

17. MacFarquhar, Roderick, *The Politics of China: The Eras of Mao and Deng*. New York: Cambridge University Press, 1997.

18. Naughton, Barry J.,*Growing Out of the Plan: Chinese Economic Reform, 1978 – 1993*. New York: Cambridge University Press. 1995.

19. Naughton, Barry J.,*The Chinese Economy: Transitions and Growth*. Cambridge, Mass.: MIT Press. 2007.

20. Ramo, Joshua Cooper,*The Beijing Consensus: Notes on the New Physics of Chinese Power*. London: The Foreign Policy Centre, Spring 2004.

21. Rogers, Everett M.,*Diffusion of Innovation* (4th edition). New York: The Free Press, 1995.

22. Sabatier, Paul A.,ed.,*Theories of the Policy Process* (2nd edition). Boulder, C. O.: Westview Press, 2007.

23. Saich, Tony,*Governance and Politics of China*. New York: Palgrave Publishers Ltd. , 2001.

24. Shambaugh, David, ed., *The Modern Chinese State*. New York: Cambridge University Press, 2000.

25. Shambaugh, David, *China's Communist Party: Atrophy and Adaptation*. Berkeley: University of California Press, 2009.

26. Shirk, Susan L., *The Political Logic of Economic Reform in China*. Berkeley, C. A.: University of California Press, 1993.

27. Taleb, Nassim, *The Black Swan: The Impact of the Highly Improbable*. London: Penguin. 2008.

28. Townsend, James R. and Brantly Womack, *Politics in China*. Boston: Little, Brown and Company, 1986.

29. Truman, David B., *The Governmental Process: Politics Interest and Public Opinion*. New York: Alfred A. Knoof, 1951.

30. Vogel, Ezra F., *Deng Xiaoping and the Transformation of China*. Cambridge, MA.: Belknap Press of Harvard University, 2011.

31. Vogel, Ezra F., *One Step Ahead in China: Guangdong under Reform*. Cambridge, Mass.: Harvard University Press, 1989.

32. Zhao, Hongwei, *Political Regime of Contemporary China*. Lanham, MD.: University Press of America, 2002.

说明：

1. 书目按照编著者姓名的汉语字母拼音顺序排列。

2.法律文本、工具书等,没有列入本书目。

3.参考和引用的论文、文章、报道等,可见正文内注释。

初版后记

一

我在整个攻读硕博士学位期间的研究工作,主要围绕"领导小组"和"政策试点"这两大研究主题展开。从 2007 年到 2009 年,以围绕硕士学位论文的写作为基础,我的研究精力主要投入到"领导小组"的研究工作中,进而完成了《中国"小组机制"研究》一书(天津人民出版社,2010 年)和一系列研究性论文,并对相关问题一直保持着实时关注。与此同时,在进入攻读博士学位的学习和研究阶段后,我开始着手启动"政策试点"的研究计划。

2008 年,在提前攻读博士学位的考核会上,我首次阐述了以"政策试点"为主题的研究构想。当时正值改革开放 30 周年,我在梳理相关文献时,注意到以各种"试点""试验区"为代表的"政策试点"实践有可能是理解并分析中国政策过程、改革与治理实践等多个领域的一个很有价值的视角,于是萌发了对其进行学理性解析的研究设想,并形成了初步的研究计划。到了 2009 年,即新中国成立 60 周年之际,以及 2011 年,即中国共产党成立 90 周年之际,我进一步发现"政策试点"实际上有着更为深远的历史基因,是中国共产党和中国政府在对治国理政经验进行不断总结和升华的过程中逐步精炼而成的,这又促使我不断扩展研究视野,丰富研究框架。同时,一些海外学者对这个主题的关注和研究,更使我意识到抓住这一研究论题及阵地的紧迫感。在此期间,我以"政策试点"为选题的一系列工作性论文,参与了中共中央党校、中国社会科学院、中国行政管理学会、全国公共管理博士论坛等举办和组织的一系列学术交流活动,并有幸得到了不少学界前辈和同行的点拨、鼓励及建议。以上这些,都在不断坚定我对"政策试点"展开系统性研究这一工作方向。

有关于"领导小组""政策试点"的研究,可以说是我关注并研究中国本土治理实践的"第一部"和"第二部"研究成果。今后,我将朝着这个方向继续努力下去,在继续追踪已有研究最新进展的同时,期待能在未来某个适当的时候,适时推出指向新的研究主题的"第三部"专门性研究作品。

二

本书是笔者在博士学位论文的基础上重新整理、修改完成的,在保留基本结构和主要观点、调整处理文字、更新数据资料等技术性工作的基础上,成

试　点

书时还进行了较大幅度的精简,使其论文的味道淡一些,专著的味道浓一些,能够更适合于出版、阅读和传播。

北京大学谢庆奎教授、中国社会科学院杨海蛟教授、天津师范大学马德普教授、中国人民大学杨光斌教授、苏州大学沈荣华教授、天津市社会科学联合会李家祥教授先后对笔者的博士论文的开题、预答辩、评审、正式答辩,以及穿插其间的写作、修改等工作给予了非常重要的评阅和指导,使我获益匪浅。

在求学和开展研究的时光里,周恩来政府管理学院的各位师长和同事对我的研究工作给予了大力支持和真诚帮助。作为南开大学"中国政府与政策国家级教研团队"和"中国政府与政策联合研究中心"的一员,研究工作有幸能够"近水楼台",成长于一流研究队伍、一流研究氛围的教导和熏陶中。以这一广阔且强有力的研究平台作为支撑,研究工作从多个方面获得了各种支持和帮助,促使我不断提升研究工作的规范度和精细度。

论文研究工作和本书的出版,先后得到了南开大学 2011 年度优秀博士论文培育计划、南开大学 985 工程项目、中央高校基本科研业务费专项资金资助项目等的支持。南开大学周恩来政府管理学院、研究生院和社科处的各位同志,以极其负责和专业的工作,为论文研究工作的顺利进行提供了各种便利条件,并使其能够在一个较快的时间内得以出版。

三

在过去的几年中,许多学界前辈、师长、同行、学友对我的支持、指点和帮助,我铭记在心。他们中既有从事相关研究的专家学者,也有从事相关工作的实际参与者,在此就不一一具名了。在研究工作的调研和访谈过程中,得到了来自中央多个部门和若干地方政府中相关负责同志的关键协助。这些政府部门人士正在或曾经深度参与试点工作,他们不但提供了大量的一手资料,同时还提出了许多极富建设性的意见和建议,为本书打下了坚实的实证基础。

非常令人高兴的是,天津人民出版社的王康老师,在2010年帮助当时还是学生的我完成第一本书的出版工作之后,再次担负起拙作的策划任务。杨舒老师作为责任编辑,为本书的出版付出了辛勤的智慧和汗水。我向两位老师和出版社各个工作环节上的朋友致以诚挚的谢意!

在研究和写作过程中,我引用了一些学界前辈、师长、同行的研究成果,以及历史记录、新闻报道中的相关资料和数据,并尽量一一注明了出处,倘若挂一漏万,请予指正。同时,作为一项长期研究工作的开端,对于这一研究对象和主题还有很大的开拓空间,祈望学界前辈、同行和特别是实际从事相关工作的朋友们不吝赐教。我的邮箱地址是:zhouwang@nankai.edu.cn。

最后,谨将此作献给我的家人、导师朱光磊教授。没有他们,这本书的成型是难以想象的。

周　望

2012年5月20日初稿

2013年5月26日改定

再版后记

《试点》一书,实际上是《中国"政策试点"研究》一书(天津人民出版社,2013 年)的第二版。只是基于方便"传播"的考虑,将书名作了一定程度的修改,更加简洁、直观,但研究主题仍保持着一致性。

笔者于 2011 年启动了以"试点"为主题的博士论文研究计划,待完成博士学位论文后,于 2013 年将其作为专著出版。这期间,笔者在毕业留校任教继续从事研究和教学工作的同时,一直关注着"试点"在实践发展和理论研究中的动态。相信大家也看到了,党的十八大以来,随着顶层设计、全面深化改革等的提出和推进,"试点"在这 10 年中的发展变化是显著而深刻的,有必要对其展开及时梳理与总结。当然不敢说"十年磨一剑",但《试点》一书尝试着集中了基于现实变化的"与时俱进"与笔者对这一议题的持续性思考。特别是在迎来中国共产党成立 100 周年之际,再版此书,正当其时。

此次内容更新,全书首先进行了大幅度删减,在保留核心部分的基础上,补充了"试点"在近年来的各种新资料,尤其是"试点"自党的十八大以来的各种新资料。整体而言,相较于首版,《试点》一书更加紧凑、集中。正如书中引言部分所讲的,期望通过此书,使得各界人士能够在短时间内,对"试点"形成一个易于理解且准确的认知。

2012年以来,笔者关于"试点"的系列研究,得到了海内外各界人士的广泛关注,首版《中国"政策试点"研究》一书加印了若干次、销量颇为可观,在此一并致以诚挚的谢意。海内外研究中国政府与政治的若干著名学者,多次直接或间接地与我联系,深入交流各种相关议题。很多中外文的著作、期刊论文、学位论文、研究报告,大量引用了笔者的研究内容。笔者陆续接受了若干家各种媒体平台的采访,专门谈论"试点"话题,与之相关联的转载更是数不胜数。基于各类成果的相关观点,经各种渠道,多次进入决策层、实务部门的视野中。以上种种,既是对笔者研究工作的莫大鼓励和肯定,更是促使笔者保持持续跟进追踪、提升研究水准的最大鞭策。

各位师友、同行、编辑、同学,曾经或正在参与各类"试点"工作的相关友人,你们的建议、意见乃至质疑,是本书的更新得以成为现实的关键所在,作者本人更是在多方面获益匪浅。"试点"在中国治理实践中的普遍性、重要性有目共睹,期待继续和大家一起,共同推进这一板块的研究工作。

非常令人高兴的是,负责我前三本专著的"老朋友"、天津人民出版社的王康老师,继续担当拙作的策划编辑。林雨老师作为责任编辑,其耐心且细致的工作,让人敬佩,更使拙作增色不少。为了本书的出版,两位老师付出了辛勤的汗水和智慧。我向王康老师、林雨老师和出版社各个工作环节上的朋友致以诚挚的谢意！

　　在研究和写作过程中，我引用了一些前辈、同行的研究成果和相关新闻报道中的资料和数据，并尽量一一注明了出处，倘若挂一漏万，请予指正。同时，祈望学界前辈、同行和特别是实际从政的朋友们不吝赐教。真诚欢迎所有的批评、交流和建议！我的邮箱地址是：zhouwang@ nankai. edu. cn。

周　望

2021 年春于南开大学西南村